Libellen-Verlag

Das kleine Hexen 1x1

Sabine Guhr-Biermann

Informatives und Lesenswertes im Netz unter
www.libellen-verlag.de

Opalia Lebensberatungs-Praxis der Autorin unter
www.opalia.de

Filme der Autorin über Spiritualität, Esoterik und Numerologie etc. unter
www.opalia-spirit-media.de

Das kleine Hexen 1x1

Autorin: Sabine Guhr-Biermann

                  ISBN 978-3-934982-11-6
                  3. überarbeitete Auflage 2017
                  © Erstausgabe 2002 Libellen-Verlag · Leverkusen

Coverfoto: © Subbotina Anna / Fotolia.com
Druck: Prime Rate Kft., H-1044 Budapest, Megyeri út 53.

www.libellen-verlag.de

Inhalt

Vorwort

Wer von uns erinnert sich nicht gerne an die Urkräfte, die in uns schlummern und wieder zum Leben erweckt werden wollen? Wer hört nicht gerne zu, wenn es sich um Liebeszauber-Rituale handelt, die wirkungsvoll eingesetzt werden können? Wer von uns mag nicht gerne ein bisschen Schabernack treiben, um anderen zu zeigen, dass das Leben auch von der lustigen Seite betrachtet werden kann?

Auf der einen Seite wird das mystische Thema der Hexerei, der Wahrsagerei oder der Zauberei belächelt umgangen. Über so etwas spricht man nicht. Doch tief im Inneren wünscht sich jeder solche Kräfte besitzen zu können. Und Wünsche, die sich wie ein sanftes Band um den Empfänger legen, regen zum Träumen an. Viele Menschen schenken dem Wissen um die Nutzbarkeit der Energien eine große Bedeutung. Man kann sie mit bloßem Auge nicht sehen, jedoch umso deutlicher spüren.

Wir alle kennen die Geschichten um die bewusst gesteuerten Energien, die von einem zum anderen übertragen werden, in der Hoffnung dass sich die erwünschte Wirkung zeigen möge. Viele schenken diesem Phänomen, das wir alle zumeist aus früheren Leben bestens kennen, viel zu wenig Beachtung. Wir denken das gehört in die alte Zeit und hat in der modernen Zeitepoche keinen Platz mehr.

Doch gleichzeitig schenken wir den Energiespielen, die uns umgeben, viel Beachtung. Wir kennen das, wenn jemand versucht, uns energetisch in die Enge zu treiben. Wenn uns jemand versucht seine Meinung aufzuerlegen, uns zu erziehen. Von anderen mit Energien belegt zu werden, das ist uns allen sehr vertraut. So dass wir oftmals suchend nach Lösungsmöglichkeiten Ausschau halten, um uns von lästigen „Energieschmarotzern" befreien zu können.

Auch der eine oder andere Schriftsteller auf dem Gebiet der Magie hat seine eigenen und auch übertragenen Erkenntnisse niedergeschrieben, um andere an seinem Wissen teilnehmen zu lassen. Doch oftmals wurde in diesen Schriften das geheimnisumwitterte Wissen schwer einsetzbar beschrieben, so dass einige nur die Hälfte verstanden.

Doch gerade das Wissen um die Nutzbarkeit kosmischer Energien sollte für jeden unkompliziert greifbar sein. Deshalb habe ich es mir zur Aufgabe gemacht, meine Sichtweise der Dinge zu beschreiben. Du wirst im Laufe dieses kleinen und doch so wichtigen Werkes sehr schnell erkennen, dass auch du immer mal wieder einen Hexenzauber auf andere legst, ohne dass dir das in dem Augenblick, in dem du deinen Hexenkräften freien Lauf lässt, wirklich bewusst wäre.

Das Gesetz um die Anwendbarkeit von Energie ist so alt, dass jeder von uns dieses Wissen in sich trägt. Jeder, und ich meine wirklich uns alle, hat sich irgendwann vor Urzeiten damit auseinander gesetzt. Und heute? Da haben wir es zumeist vergessen, inwieweit unsere Gedanken Einfluss auf unser Leben nehmen. Und damit wir uns nicht immer wieder erneut verstricken, damit wir uns nicht immer wieder erneut behexen, habe ich dieses Buch als kleine Erinnerung an die großen Auswirkungen ausgesandter Energie geschrieben.

Du wirst auf der einen Seite viele neue Erkenntnisse sammeln, dich aber auch bestimmt wieder erinnern und die Aspekte, die du tief im Inneren verborgen hältst, wieder zu neuem Leben erwecken.

Ein Großteil der hier beschriebenen Themenbereiche wird dir bestimmt absolut vertraut vorkommen. Andere wiederum wirst du als neu empfinden und trotzdem – dessen bin ich mir sicher – wirst du die Ratschläge direkt als wahr annehmen können.

Eins sei hier noch von meiner Seite angemerkt: Egal, was du auch tun willst, ob du die Erkenntnisse, die du aus diesem Buch entnehmen wirst, nun wirklich nutzt oder nicht, denke immer daran, dass du wirklich nur das aussenden solltest, zu dem du auch hundertprozentig stehen kannst. Nun wünsche ich dir viel Spaß in der Welt der Magie.

Die Autorin

Einleitung

Wer hätte gedacht, dass alles das, was wir gedanklich aussenden, auch wirklich beim anderen ankommt? Die wenigsten machen sich darüber Gedanken, dass jeder Gedanke Energie in eine bestimmte Richtung sendet. Jeder Mensch, der fähig ist, sich Gedanken zu machen, schreibt durch seine Gedankenbilder seine eigene Geschichte – und das jeden Tag aufs Neue.

Du denkst, das kann nicht sein? Dann überlege mal. Wann hast du das letzte Mal gegrübelt, stundenlang über eine Sache nachgedacht? Wie hast du dich danach gefühlt? War dein Kopf nicht vollgestopft mit dunklen Energien, die dir nur Kraft genommen haben? Schauen wir uns das genauer an.

Jeder Mensch hat eine Art Maschine in sich und produziert seine eigenen, intimen Energien, indem er Nahrung aufnimmt, diese verarbeitet und in reine Energie umwandelt. Diese sehr individuellen Energien sind lebensnotwendig. Deshalb gilt: Je besser er mit seinem Energiehaushalt umgeht, desto besser für ihn, für seine seelische und auch körperliche Verfassung.

Doch was ist, wenn wir uns mit anderen Menschen verstricken? Was ist, wenn wir permanent über andere nachdenken? In einem solchen Fall geben wir eine große Portion unserer eigenen individuellen Energie an diese Person ab. Wollen wir das überhaupt? Nein, in den meisten Fällen nicht. Wir wollen eigentlich unsere Ruhe haben und uns mit uns selbst im Einklang befinden. Das können wir jedoch nur, wenn wir auch wirklich auf uns Acht geben und unsere intimen Energien nur sparsam für die Bereiche einsetzen, für die wir sie auch einsetzen wollen. Doch jeder Mensch, der uns emotional treffen kann, der greift uns an und fordert uns zum intimen Energietransfer auf.

Wie oft hast du schon gelesen, gehört oder aber es auch schon selbst ausprobiert, dass du sofort wieder innere Ruhe findest, wenn du aufhörst, an dem anderen herumzuzerren und einfach loslässt? In dem Moment, in dem du den anderen loslässt, bist du frei und kannst deine Aura wieder schließen. Ich erkläre dir das System nun noch ein wenig genauer, damit du meinen Gedanken noch besser folgen kannst.

Wie schon erwähnt, produzieren wir alle unsere ureigensten Energien, die wir brauchen, um unseren Körper und unseren Energiekreislauf in Schwung zu halten. Mit diesen Energien können wir uns in einer absolut emotionalen Tiefe mit anderen Menschen verbinden, was man in einer Partnerschaft auch tun sollte genauso wie in verbindlichen Freundschaften. Nur mit den Menschen, mit denen wir uns wirklich tief einlassen wollen, sollten wir uns auch entsprechend tief auseinandersetzen. Alle anderen, all die Energieräuber, die nur an unsere Energien heranwollen, die sollten wir abwehren, damit uns nichts passieren kann, das heißt, damit keiner uns unserer wertvollen Energie berauben kann.

Doch leider passiert es sehr häufig, dass Menschen an andere gebunden sind und somit jeden Tag unbewusst einen intimen Energietransfer über sich ergehen lassen. Doch genau das ist das, was die meisten im Grunde genommen gar nicht wollen und was sie auch als belastend und somit negativ empfinden. Wie oft ärgern wir uns über andere, fühlen uns ausgeliefert und wissen nicht wirklich, warum das so ist? Der Grund: Wir haben dem anderen einst erlaubt, sich an unseren Energien zu laben und nun macht dieser mittlerweile ungebetene Gast dies tagtäglich.

Uns geht das gehörig auf die Nerven, da wir freiwillig diesen Lebensaspekt gar nicht mehr haben wollen. Doch innerlich haben wir uns dem anderen gegenüber nicht verschlossen, so dass dieser jeden Tag an unserem Tisch selbstverständlich Platz nehmen darf. Schon alleine eine solche Tortur über Jahre hinweg über sich ergehen zu lassen, grenzt an eine tägliche energetische Vergewaltigung!

Doch wie oft erleben wir gerade dieses Phänomen. Wie viele Verwandte oder Eltern ziehen an ihren Kindern und erwarten die tägliche Ration Energie? Viele. Nur den meisten ist es nicht bewusst. Doch gerade Verwandte untereinander meinen immer noch, sich über andere selbstverständlich nähren zu können. Woher das kommt?

Kleine Kinder sind auf die Ernährung durch ihre Eltern angewiesen. Und da sie in jungen Jahren nicht allzu viel zurückgeben können, kann sehr schnell eine offene Rechnung im Raum stehen bleiben.

Wann? Wenn die Eltern beispielsweise vom Kind erwarten, dass es einiges zum Leben der Eltern beitragen und somit zurückgeben muss. Dieser Prozess läuft zumeist unbewusst ab. Doch da Kinder in der Regel sensitiv sind und sich schnell in eine Art Schuldgefühl begeben, werden sie auf die Bedürfnisse der Eltern eingehen und sich entsprechend kümmern.

Eltern, die ihre Kinder in Liebe wachsen lassen, die werden solche Ansprüche bestimmt nicht stellen. Doch Eltern, die selbst als sie Eltern wurden, noch ihre Eltern nähren mussten, die werden ähnliches von ihren eigenen Kindern erwarten. Woher kommt das?

Viele Menschen wollen heutzutage unter allen Umständen ihr Leben so lang wie möglich erhalten. Dafür tun sie fast alles. Schon alleine die Entwicklung der Medizin ermöglicht es, das Leben zu verlängern. Somit wird der Körper am Leben erhalten, solange es eben geht. Doch was ist mit der Seele? Unser Buch des Lebens schreibt vor, wir lange unser Leben dauern sollte. Natürlich kann dies auch unterbrochen und somit verändert werden, wenn der Körper nicht mehr funktioniert. Aber wir selbst bestimmen, was wir wollen.

Eins ist sicher, sollte die Seele eine nicht geplante Verlängerung des Lebens als unnötig einstufen und dem nicht zustimmen wollen, dann wird sie auch für ein Ableben sorgen. Es sei denn, der Mensch möchte im Einklang mit seinem Körper, seiner Seele und dem Geist das Leben noch in vollen Zügen genießen, dann wird er dies wohl auch tun können.

Sollte eine Person andersherum mit ihren intimen Energien zu wenig haushalten und den Körper zu stark belasten, dann hat sie keine große Chance auf ein langes Leben und wird wohl früh sterben müssen. Sollte sie ein frühes Ableben dann nicht unbedingt wollen und auch nicht brauchen, dann wird sie versuchen, sich über andere zu ernähren, es bleibt ihr dann keine andere Wahl. Und da sind die eigenen Kinder eine willkommene Speisekarte und reichhaltiger Energiegeber. So funktioniert das undankbare Spiel, was letztlich keinen weiterbringen wird.

Wie sollten Eltern sich verhalten, wenn sie genau das nicht wollen? Im Grunde genommen brauchen sie nur darauf zu achten, wie sie mit ihren eigenen intimen Energien umgehen. Denn wenn sie sich selbst genügen, dann brauchen sie nicht auf andere zurückzugreifen und können sich unbeschwert an ihren Mitmenschen erfreuen, ohne dass unbewusste Forderungen gestellt werden.

Man kann übrigens eine energetische Forderung sehr einfach aufspüren. Jeder Mensch unterscheidet tief im Inneren, ob einer an seinen Energien zerrt oder ob er sich freiwillig auf einen Verbund, eine Sache, eingelassen hat. Wir gehen liebevoll mit unserem Gegenüber um, wenn wir uns freiwillig verbinden wollen. Wir spüren jedoch auch sehr deutlich, ob jemand an unseren Nerven zerrt.

Wie ein kaum sichtbares, jedoch enorm spürbares Band, zusammengeschweißt zumeist aus Wut, welches über einen anderen gestülpt wird und somit die energetische Grenze desjenigen überschreitet, kann man sich das Zerren der Energiebande vorstellen. Wie oft erleben wir solche Verbindungen, die wir erfüllen und die uns im Grunde genommen allen nicht gut tun?

Gerade Eltern können solch eine Forderungsverbindung zu ihren Kindern trainieren und ihnen auferlegen, was sie sich wünschen und sich darüber ein Leben lang nähren lassen. Doch eins ist sicher, jeder Mensch, der sich selbst, seine Mitmenschen und auch gerade seine Kinder liebt, wird sich an ihnen erfreuen, aber niemals bereichern wollen. Somit gibt es keine unbewussten Täter oder Opfer, sondern nur Menschen, die nicht wirklich hinsehen wollen.

Und nun zurück zu unserem Einstieg: Auf der einen Seite haben wir unsere intimen Energien, die wir hier eben deutlich beschrieben haben. Auf der anderen Seite haben wir aber auch kosmische Energiepotentiale, die wir genauso jederzeit nutzen können, so wie wir sie einsetzen wollen. Das heißt, nicht nur die Energie, die wir selbst produzieren, steht uns zur Verfügung, sondern auch kosmische Energie.

Bei diesen Energien handelt es sich um ganz neutrale, die alle Lebewesen grundsätzlich auch zum Leben brauchen. Man könnte sie ähnlich der Luft betrachten. Denn auch diese brauchen wir und nutzen sie automatisch. Wir könnten diese wertvolle Energie jedoch auch viel bewusster und sinnvoller einsetzen, wenn wir wüssten wie. Immerhin lässt sie sich auf vielen Ebenen einsetzen, wie du im Laufe dieses Buches erkennen wirst.

Nun geht es an die erste Übung: Versuche so deutlich wie möglich den Unterschied zwischen den beiden Energiepotentialen zu spüren. Denke daran, die kosmischen Energien sind neutral und so wirst du sie auch wahrnehmen. Die individuellen, intimen Energien befinden sich im Bauchraum. Sie sind emotional spürbar und mit viel Gefühl behaftet.

Eins ist jedoch jetzt schon klar: Je bewusster wir mit unseren Energieressourcen umgehen, je bewusster wir diese einsetzen, desto einfacher aber auch erfolgreicher wird unser Leben verlaufen. Noch einmal der Unterschied: Die kosmischen Energien sind neutral und für all die Lebensbereiche einsetzbar, die uns emotional nicht nahe gehen. Wir haben immer einen gewissen emotionalen Abstand zur Sache. Die Sache betrifft uns nicht unbedingt selbst. Die intimen Energien sind unsere ureigensten und wir sollten sie sparsam nutzen für die Bereiche, die wir auch emotional haben wollen.

Ein paar Beispiele, um die Unterschiede klarer auf den Punkt zu bringen:

- *Ärgern wir uns über eine Person oder Situation, dann nutzen wir unsere intimen Energien und verstricken uns.*

- *Planen wir eine Reise und freuen uns darüber, dann nutzen wir kosmische Energien, die aber letztlich durch freudige Emotionen in unseren intimen Energien spürbar sind.*

- *Sind wir verliebt, dann nutzen wir unsere intimen Energien.*

- *Träumen wir vor uns hin, dann nutzen wir kosmische Energien.*

- *Wollen wir magisch arbeiten, dann dürfen wir nur kosmische Energien verwenden, niemals unsere eigenen, intimen!*

Hast du den Unterschied verstanden? Wenn du dich wirklich mit einem anderen Menschen verbinden willst, dann geht dies nur über deine intimen, individuellen Energien. Willst du aber gezielt Gedanken aussenden, über Dinge nachdenken, dann nutze bitte kosmische Energien.

Du wirst nun mehr und mehr den Unterschied dieser beiden Energieformen und die unterschiedliche Anwendbarkeit verstehen lernen. Und damit du nun anfangen kannst dich zu lösen, dir selbst zu helfen, dich selbst zu verzaubern, werde ich dir anhängend jede Menge Erklärungen geben. Doch eins ist sicher und das möchte ich an dieser Stelle noch besonders erwähnen, tue immer nur das, was du auch wirklich tun willst. Denke daran: Alles das, was du in vollem Bewusstsein aussendest, wird entsprechend wieder zu dir zurückkommen. Anders geht es nicht.

Eine Hexenweisheit sagt: Willst du einem anderen etwas Schlechtes wünschen, dann rechne damit, dass das, was du dir gewünscht hast, siebenfach auf dich zurück kommen wird. Also gib auf deine Gedanken Acht!

Die Welt der Magie

Die erste Grundregel eines Magiers lautet: Er muss absolut reine Gedanken haben. Das heißt, jeder Gedanke, den er an irgendetwas Unwichtiges verschwendet, wird ihm keinen Nutzen bringen. Gerade dann, wenn wir magisch bewusst arbeiten wollen, müssen wir auf unsere Gedanken achten. Nun ist dies einfacher gesagt als getan, da wir alle Gedankenbilder in uns tragen, die uns nicht direkt bewusst sind.

Sollten wir beispielsweise einen Glaubenssatz in uns haben, der uns verbietet, erfolgreich zu sein, dann wird es uns wenig Nutzen bringen, wenn wir uns Erfolg hexen; das heißt, den Wunsch erfolgreich zu sein, gedanklich und magisch verstärken. Denn alleine der innerlich geprägte Glaubenssatz wird uns gleichzeitig auch wieder daran hindern, dass unser Wunsch in Erfüllung geht.

Im Gegenteil, durch die Kompensation unserer Gedanken auf diesen Bereich könnten wir sogar den Misserfolg verstärken. Wenn du merkst, dass deine geistige Arbeit nicht erfolgreich ist und du dir im Gegenteil noch mehr Steine in den Weg legst, dann überprüfe deinen inneren Glauben bezüglich der gewünschten Situation.

Nun stellt sich die Frage, was wir in einem solchen Fall tun können. Woran machen wir es fest, ob unsere Arbeit erfolgreich verlaufen wird? Die Antwort darauf ist ganz einfach. Wir spüren, wenn etwas nicht stimmt. Wir spüren es ganz deutlich und können dann früh genug auf unser Signal reagieren. Verstehst du dein inneres Signal? Wenn nicht, dann solltest du es wieder trainieren.

Manche müssen dieses Gespür erst einmal wieder zum Leben erwecken. Schauen wir uns das genauer an: Wir alle bestehen aus verschiedenen Energieanteilen – unterschiedliche Teilpersönlichkeiten, die sich alle in uns bemerkbar machen. Somit brauchen wir unsere innere Disziplin und eine Art Sortierung, damit wir erkennen, welche Teilenergie in uns für was zuständig ist.

Je mehr wir dann lernen, in uns hinein zu fühlen und das, was wir wahrnehmen, auch als wahr anzunehmen, desto einfacher wird es für uns sein, uns klar zu werden, was wir wollen. Denn wir brauchen im Grunde genommen nur eins zu tun: Wir müssen uns bewusst werden, wer wir sind, was wir sind, wohin wir wollen und auch, was in uns dagegen spricht. Wie wir all das feststellen können?

Oberstes Gebot: Wir sollten an uns glauben und regelmäßig in uns hinein spüren, dann werden wir deutlich fühlen, wenn etwas nicht in uns im energetischen Fluss ist. Wir alle sind dazu in der Lage, uns selbst in voller Verantwortung realistisch zu bewerten. Wir wissen genau, was wir falsch machen, wo wir uns bemogeln, genauso wenn wir selbst viel zu hart und auch ungerecht mit uns umgehen.

Eine Verstrickung kann somit nur entstehen, wenn wir uns selbst oder vielmehr ein Teil in uns fremd geht. Nur dann tun wir das, was der andere angeblich – aus unserer Perspektive heraus betrachtet – von uns will, was wir im Grunde genommen so aber gar nicht tun wollen. Wenn wir dann wieder auf uns selbst schauen, dann wird uns viel klarer werden, was wir wollen und das müssen wir zumeist erst wieder trainieren. Somit ist der Glaube an sich selbst, die Sicherheit der inneren Intuition, ein wichtiger Meilenstein, um magisch arbeiten zu können.

Dafür hier eine kleine Übung: Gehe in den Wald und suche dir einen Baum aus, der dir gefällt. Lege eine Hand an die Baumrinde und fühle in den Baum hinein. Ist er bereit, mit dir energetisch zu arbeiten, einen Energieaustausch vorzunehmen? Du wirst es spüren! Denn wenn der Baum mit dir nicht kompatibel sein sollte, dann wirst du seine Abwehr deutlich wahrnehmen, so einfach ist das. Gehen wir nun davon aus – was mit Sicherheit zu achtzig Prozent der Fall sein wird – dass du direkt auf Anhieb den passenden Baum für dich gefunden hast.

Dann bildest du einen Kreis um den Baum, indem du den Baum einmal tatsächlich umkreist. Welche Richtung du dafür nutzt, ist egal, nur wenn du den Kreis wieder auflösen willst, dann solltest du die entgegengesetzte Richtung wählen, also merke dir die Richtung! Mit dem Kreis bildest du einen Verbund, der den normalen Energiestrom von außen unterbricht.

Nun stellst du dich mit dem Rücken an den Baum und lässt die Energien fließen. Du wirst dein Rückgrat deutlich spüren. Du fühlst, dass du Rückgrat und somit Lebenssicherheit hast. Dann lässt du deine Gedanken fließen. Was fühlst du? Welche Gedanken tauchen in dir auf? Kontrolliere, ob du diese Gedanken, die sich nun breit machen, auch wirklich haben willst.

Nein, diese nicht? Dann schmeiße sie bitte weg. Wie? Stelle dir vor, dass du eine kleine Öffnung in deiner Aura oberhalb dem Kopf hast und lasse die Gedanken einfach hindurch und somit raus fließen. Siebe dich aus. Das heißt, du wirfst gedanklich alles das raus, was sich in dir befindet, dir nur Sorgen und Kummer bereitet und was du im Grunde genommen gar nicht mehr brauchst.

Wichtig zu wissen: Du musst nicht über andere Personen nachdenken, nur du selbst bist wichtig, nicht die anderen. Also räume auf! Du bist deines Glückes Schmied.

Wenn du das Gefühl hast, erlebte Situationen kleben an dir, dann lasse auch diese Energien los. Stelle dir vor, du duschst mit kosmischer Lichtenergie und über deine Hände verlässt die belastende Energie deinen Körper. Schüttel alles aus deinen Händen raus. Du wirst wesentlich freier sein. Das kannst du immer und jederzeit zwischendurch tun.

Doch nun zurück zu unserem Baumritual. Gedanken, die dir in den Kopf kommen und die du noch brauchst, da sie wichtig für dich sind, die kannst du zwischenlagern. Das heißt, du bildest dir einen Platz – ähnlich einem Ablagesystem – und legst gedanklich die Angelegenheit dort ab. So geht dir nichts verloren und du kannst die Daten jederzeit wieder abrufen. Genauso kannst du dir ein Vergangenheitsfach einräumen, eine aktuelle Schublade, eine Art Mappe für unerledigte Angelegenheiten und so weiter.

Sei kreativ. Du wirst merken, dass dein Kopf wesentlich freier wird. Nur das, was du jetzt wirklich brauchst, sollte direkt für dich greifbar und auch abrufbar sein. Die beste Möglichkeit jedoch, um der Magie gerecht zu werden, sie wirkungsvoll einzusetzen, ist die, den Kopf absolut frei zu haben.

Ganz typisch für einen Magier ist es, dass er seine Gedanken kommen lässt, doch schenkt er diesen in dem Moment wenig Beachtung, da er sie mit seinen Händen teilnahmslos spaltet, dann ist sein Kopf absolut frei für kosmische Energien. Das heißt, der Verbund zum Kosmos ist dann absolut geöffnet und diese Öffnung braucht er auch, um mit reiner Gedankenkraft diese Energien für seine Vorhaben nutzbar zu machen.

Solltest du mit dieser Übung fertig sein, dann tanke noch einmal Energie auf, bevor du den Energiekreis wieder auflöst. Bedanke dich bei dem Baum für die Unterstützung, indem du noch einmal zärtlich die Hände auf die Baumrinde legst. Öffne den Kreis nun in die entgegengesetzte Richtung und verlasse die Stelle, an der du gestanden hast. Du kannst sicher sein, du wirst dich wesentlich leichter fühlen.

Du kannst diese Übung wiederholen, so oft du das Bedürfnis danach hast. Doch nicht nur der wirklich reale Besuch eines Baumes wird die entsprechende Wirkung tragen. Nein, ab heute solltest du dir einen inneren Baum vorstellen, der dir genauso Kraft geben wird. Es handelt sich hierbei um deinen Lebensbaum, den du eh in dir trägst und den du nun bitte regelmäßig – anfänglich am besten einmal am Tag – in Gedanken besuchen solltest.

Hole dir dabei Kraft und reinige deine Gedanken. Du wirst nach kurzer Zeit erkennen, dass dieser Baum absolut wichtig für dich ist. Er gibt dir den Rückhalt und die Sicherheit, so wie du es brauchst. Dieser so wichtige Lebensaspekt passiert übrigens automatisch, doch je bewusster wir uns leben, desto besser für uns.

Faustregel Nummer eins für die Hexenfibel ist also: Nur reine Gedanken werden erfolgversprechend sein, unreine Gedanken hingegen lassen dunkle Wesen wach werden.

Die Reinlichkeit

Ein weiteres, wichtiges Gebot der Magie ist die Reinlichkeit. Wenn wir magisch arbeiten wollen, dann müssen nicht nur unsere Gedanken sondern auch die Umgebung, in der wir spirituell, magisch, arbeiten wollen, sowie unsere Aura gereinigt sein. Deswegen sollten Rituale nach Möglichkeit nur in einem sauberen Rahmen durchgeführt werden.

Was bedeutet das? Dazu ein klärendes Beispiel: Wenn wir uns in einem Zimmer, dessen Luft durch andere Personen mit verunreinigt wurde, aufhalten, dann spüren wir deutlich die Energien der anderen. Du selbst kannst dies am besten nachvollziehen, wenn du dich daran erinnerst, wie es war, als du das letzte Mal in deiner Wohnung Besuch hattest. Sogar einige Zeit nach der Verabschiedung spürst du die fremden Energien noch deutlich in deiner Wohnung platziert.

Jeder Mensch hat seine eigene intime Energie und gerade dann, wenn emotional belastende Gespräche geführt wurden, dann werden wir die damit ausgesandten Emotionen besonders stark zu spüren bekommen. Du kennst das bestimmt; du betrittst einen Raum und fühlst „dicke Luft". Das heißt – energetisch betrachtet – intim aufgeladene Luft durch die Personen, die in dem Raum anwesend sind oder eben noch waren. Für uns selbst ist es in einem solchen Fall sehr unangenehm, diese Energien wahrzunehmen. Man könnte dies damit vergleichen, als würde man gerade ein Zimmer betreten, während zwei Menschen in sexueller intimer Liebesenergie verschmelzen. In einem solchen Fall würden wir auch peinlich berührt am liebsten das Zimmer direkt wieder verlassen.

Doch was machen wir mit einem Raum, dessen Luft durch andere Menschen sehr stark belastet ist? Wir müssen neue Luft hereinlassen. Und damit dieser Prozess nicht zu lange Zeit in Anspruch nimmt, unterstützen wir ihn, indem wir uns vorstellen, dass die Energie in dem Raum sehr schnell ausgetauscht wird. Auch können wir zur Unterstützung Räucherwerk einsetzen, welches uns in der Zusammensetzung entspricht. Doch gerade unsere zielgerichtet ausgesandten Gedanken sind es, die eine schnelle Wirkung erzielen werden.

Hier ein paar Möglichkeiten:

- *Wir stellen uns einen Staubsauger mit einer entsprechend großen Öffnung vor und saugen damit alle verbrauchte Luft und Energie auf. Danach entleeren wir den Filter, der die Energie eingesammelt hat, in den Kosmos.*

- *Oder wir stellen uns vor, dass wir eine feine Energieschicht von den Wänden abziehen. Dafür gehen wir gedanklich in eine Ecke des Zimmers und ziehen ein Stück der Energiehaut des Raumes ab. Wir können dann in einem Ruck die gesamte Energiehaut lösen. Diese Anwendung sollte man jedoch sehr selten durchführen, da ansonsten die eigenen Räume zu neutral wirken werden.*

- *Oder wir öffnen ein Fenster und stellen uns vor, dass der Wind mit einer hohen Geschwindigkeit einen Luftaustausch vornimmt. Die alte Luft wird herausgeschleudert, die neue Luft kommt herein.*

- *Oder wir nehmen gedanklich einen Reisigbesen und wirbeln damit durch das Zimmer. So zerstören wir alle bis dato abgelagerten Energien auf einen Schlag.*

- *Oder wir stellen uns kosmische Lichtenergie vor, die den gesamten Raum erhellt und somit alle negativ belasteten Energien einfach wegspült.*

- *Oder wir nutzen die einfachste Methode, nehmen ein Räucherstäbchen, zünden es an und begleiten diesen Prozess mit leisen spirituellen Klängen, die aus dem CD-Player ertönen. Auch das wird seine Wirkung tun.*

Probiere aus, was du möchtest. Alleine deine Gedanken, ruhig und sanft, die dir wieder deinen inneren Frieden geben, werden ihre Wirkung tun. Solltest du an einer rituellen Handlung, die du ausprobiert hast, besonderes Interesse und somit auch eine entsprechende Wirkung feststellen, dann verwende diese immer wieder. Du kannst dann jederzeit in Sekundenschnelle die Wirkung spüren, wenn du nur alleine an das Ritual denkst. Alles das, was du trainierst, das wird dir dann später ohne großen Aufwand schnell zur Verfügung stehen, dessen kannst du dir sicher sein.

Abgesehen von den Räumen, die einigermaßen sauber sein sollten, musst du eine gereinigte Aura haben. Tagtäglich nehmen wir sehr viel Energie durch unser Umfeld auf. Deswegen wäre eine kurze Dusche, mit dem Gedanken gerade auch die Aura zu reinigen, die ideale Form, um eine entsprechende Reinlichkeit zu erreichen.

Auch dürften die Kleider, die an diesem Tag getragen wurden, nicht unbedingt sauber sein. Es wäre am sinnvollsten, wenn du vor dem Ritual kurz duschst und dir dann Kleidung anziehst, die du gewaschen aus dem Schrank holst. Kleidung solltest du jedoch in einem Ritual so wenig wie möglich tragen. Du kannst somit Rituale auch nackt ausüben, wenn du das willst, ganz so, wie es dir beliebt.

Regel Nummer zwei: Reinlichkeit ist die beste Voraussetzung, um klare Gedanken zu senden.

Der Sicherheitskreis

Damit du während eines Rituals sichergehen kannst, dass sich keine negativen Energien materialisieren können, die deine Arbeit negativ beeinflussen könnten, brauchst du einen sauberen und geschützten Rahmen. Dafür suchst du dir erst einmal einen passenden Platz, eine Stelle in deinem häuslichen Bereich oder woanders, an der du ungestört arbeiten kannst. Keine Person, kein Telefon oder sonstiges darf dich während deines Vorhabens stören. Denn jede Störung würde dich komplett aus deinem Rhythmus lösen.

Auch solltest du selbst emotional gut drauf sein. Grundsätzlich gilt eins: Versuche disharmonisch auftretende Energien in dir stets zu vermeiden. Bist du dennoch sauer auf jemanden, eventuell sogar auf dich selbst oder sonst schlecht gelaunt, dann bitte reinige dich von diesen negativen Gedankenbildern oder verschiebe dein Ritual auf einen anderen Zeitpunkt. Nur wenn du dich energetisch wohl fühlst, solltest du dich wirklich auf ein Ritual einlassen. Anders bitte nicht.

Nun reinigst du zuallererst gedanklich den Platz, an dem du das Ritual ausüben möchtest. Nehme dazu einen imaginären Reisigbesen und fege den Platz aus. Dann stellst du zwölf Teelichter in einem großen

Kreis auf. Denke daran, je nachdem welchen Untergrundboden du hast, dass du die Teelichter auf Teller oder Untersetzer stellen musst, damit keine Spuren zurück bleiben.

Nun nimmst du in den Kreis alles das mit hinein, was du bewusst mitnehmen willst und auch brauchst. Das können weitere Kerzen sein, die du nutzen willst, um bestimmte Gedanken zu verstärken, indem du eine Kerze in Liebe für eine andere Person oder gerade für dich selbst anzündest, damit dir oder dem anderen ein Licht aufgeht.

Das kann ein Gefäß mit Wasser sein, damit du angezündete Kerzen auch schnell wieder löschen kannst, da du dir den Lichtblick, den du durch die Flamme der Kerze gewährt bekommen hast, wieder nehmen willst, damit der innere Blick verstärkt wird. Ritualkerzen werden in einem Ritualkreis bitte nicht ausgepustet, sondern mit Wasser gelöscht. Sie müssen direkt, klar und plötzlich gelöscht werden und dürfen nicht längere Zeit verglühen.

Du kannst ein Trinkglas mit Wasser in dem Kreis mitnehmen, das du während des Rituals mit dem bewussten Wunsch nach innerer Reinigung und Heilung austrinken willst. Dies sollte allerdings der erste abzuarbeitende Programmpunkt sein, da Wasser Energie aufnimmt und du sonst ein Gemisch aus den schon zelebrierten Zauberhandlungen aufnehmen würdest. Und das hat dann wenig mit Reinigung zu tun.

Du kannst Weihrauch in einer Schale mit einer Feder zum Fächern mitnehmen, um dich zu reinigen. Im Grunde genommen gehört dies zu solch einem Ritual dazu und sollte den Anfang bestimmen. Aber du kannst es auch jederzeit zwischendurch anwenden, um dich bei verschiedenen Ritualen immer wieder zu reinigen. Du kannst damit bewusst belastende, negative Gedankenfelder, die sich in der Aura wie Schmarotzer breit gemacht haben, wieder relativ leicht entfernen.

Du kannst Edelsteine mit in den Kreis nehmen, die du gedanklich aufladen willst. Das kann Schmuck sein, den du reinigst oder mit Wünschen belegen willst. Es können ganz andere Gegenstände sein, die du dir nutzbar machen willst. Genauso können es persönliche Sachen sein, die dich mit einer anderen Person verbinden, wie beispielsweise einen Brief oder sonst einen Gegenstand, den du nutzen willst, um dem Absender, von dem du den Gegenstand erhalten hast, liebe Gedanken zu schicken. Ganz so, wie es dir beliebt.

Nun betrittst du gereinigt, frisch geduscht und neu gekleidet den Kreis. Als nächstes zündest du die Kerzen im Innenbereich des Kreises an. Merke dir dabei die erste Kerze, die du angezündet hast, die sollte später die letzte sein, die du wieder löschst. Das heißt, die letzte Kerze, die du angezündet hast, sollte später die erste sein, die du wieder ausmachst. Merke dir somit die Richtung, damit du später in der entgegengesetzten Richtung die Kerzen wieder löschen kannst.

Dann stimmst du dich ein. Das heißt, du bringst dich in einen harmonischen Rhythmus, so dass es dir richtig gut geht. Dann übst du, wenn du bereit bist und es möchtest, dein Ritual aus. Lasse dir Zeit. Mache das, was du machen willst. Nehme das Ritual nicht zu ernst, aber auch nicht zu leicht. Die Freude am Leben wird dein größter Erfolg sein.

Erst nachdem du dein Ritual beendet hast, kannst du den energetischen Kreis wieder verlassen. Doch bevor du dies tust, dankst du den kosmischen Energien für die Unterstützung und löschst danach alle Kerzen aus. Genieße noch ein paar Minuten die innere Ruhe, die sich spürbar in dir breit machen wird.

Faustregel: Nichts sollte dich stören. Wenn das Telefon wider Erwarten klingelt, dann lasse es klingeln. Verlasse nicht den brennenden und aktivierten Kreis. Sitzt ihr zu mehreren oder aber auch nur zu zweit in dem Kreis, dann kann einer kurzzeitig den Kreis verlassen, auch wenn der Kreis noch aktiv ist und die Kerzen brennen, der andere muss allerdings im Inneren bleiben. Der Austretende muss den Kreis später wieder betreten.

Sollte es dir trotzdem passieren, dass der brennende Kreis komplett verlassen wurde, dann löse ihn danach direkt auf. Lösche alle Kerzen von außen, also nicht wieder in den Kreis gehen. Danach räumst du sofort alles weg und reinigst den Platz mit einem imaginären Reisigbesen. Solltest du dich nach einem unterbrochenen Ritual beschmutzt fühlen, dann musst du dich gründlich reinigen, duschen und die Kleidung sofort in die Waschmaschine stecken.

Warum das Ganze? Wenn du einen Ritualkreis aufbaust, dann konzentriert sich deine Energie. Du bist in dem Kreis und auch danach, wenn das Ritual ordentlich abgeschlossen wurde, absolut geschützt. Sollte das Ritual allerdings aus irgendwelchen Gründen unterbrochen und somit gestört worden sein, dann musst du sofort alle Spuren verwischen, damit keine Negativwesen auf deine spirituelle Arbeit und somit auf dich persönlich aufmerksam werden, um sich an deinen Energien zu laben.

Stelle dir das bitte so vor: Du konzentrierst und zentrierst deine Energien in einem geschützten Rahmen. Das sieht dann für Negativwesen wie ein Büfett aus. Nur dass diese, solange du geschützt bist, es gar nicht sehen können. Unterbrichst du aber den Schutz, dann könnte das eine oder andere Wesen darauf aufmerksam werden und sich an dir, an deiner Energie laben.

Da diese Wesen wie Schmeißfliegen sind, werden sie dich danach immer wieder beobachten, auf der Lauer liegen, ob es weiteres „Futter" gibt. Und das darf unter keinen Umständen passieren, von daher die hier erwähnte Vorsichtsmaßnahme. Solltest du trotzdem irgendwann das Gefühl haben, dass du von einem Negativwesen beobachtet wirst, dann schütze dein Haus. Lese dazu das nächste Kapitel.

Rituale in einem Kerzenkreis, also in einem geschützten Rahmen, brauchen nicht allzu oft abgehalten zu werden, um magisch arbeiten zu können. Wenn du gelernt hast, mit dir und deinen Energien gezielt umzugehen, dann brauchst du manchmal nur Sekunden, um ein Ritual anzuwenden. Dies geschieht alleine durch deine Gedankenkraft, die dann entsprechend trainiert und ausgerichtet wurde. Nun wenden wir uns als nächstes energetischen Schutzmethoden zu und schützen als allererstes unser Heim, unser Haus.

Regel Nummer drei: Immer auf die gedankliche, innere und auch äußere, helle, lichtdurchflutete Reinlichkeit achten.

Der magische Hausschutz

Unser Haus ist unser Heim, in dem wir uns frei und offen, ohne Begrenzung, bewegen sollten. Wir brauchen keinen Schutz und auch unsere Aura kann sich endlich frei entfalten. Doch was ist, wenn uns jemand in unserem eigenen Heim, in dem wir uns schutzlos aufhalten, angreifen sollte? Dann werden wir uns urplötzlich hilflos ausgeliefert fühlen. Und das ist wirklich eine schwierige Situation, die uns mit Sicherheit große Probleme bereiten wird.

Schauen wir uns das genauer an: Wenn wir unterwegs sind, dann sind wir darauf eingestellt, auf viele Menschen zu treffen, dementsprechend werden wir unsere Aura schützen. Doch gerade wenn wir Zuhause sind, können wir diesen Schutz ablegen und unsere Aura ausbreiten. Ähnlich einer engen Hose, die wir auch gegen eine lockere Jogginghose wechseln, damit uns nichts mehr einzwängen kann. Nun können wir unsere Seele baumeln lassen, und das brauchen wir alle!

Doch was ist, wenn wir Zuhause angegriffen werden? Was machen wir beispielsweise mit einem wütenden Ehemann, der einen Teil seiner Unzufriedenheit, seiner eigenen Wutenergie, uns übergeben will? Wir müssen uns zur Wehr setzen, was dann aber auch automatisch bedeutet, dass wir uns schützen müssen. Das heißt dann aber auch, dass wir uns Zuhause nicht locker sondern angespannt, in einer Art Hab-Acht-Stellung, aufhalten werden. Unter einem solchen Druck können wir uns aber vom Alltagsstress nicht erholen.

Dauerhaft gesehen würden wir unsere Nerven absolut überreizen und das hält kein Körper lange aus. Wir müssen auf uns achten und uns schützen, wenn wir Schutz brauchen. Doch Zuhause, da sollten wir Frieden finden und dem Alltagsstress entfliehen können, alles andere würde nur unser Leben verkürzen und unsere innere „Sonne", unser Lebenslicht, verdunkeln.

Doch wie oft erleben wir den oben geschilderten Fall. Und irgendwann liegen die Nerven blank, dann geht nichts mehr. Solltest du solch einen oder ähnliche Fälle erleben und dich somit Zuhause nicht ungeschützt aufhalten können, dann stelle dir als Körperschutz deinen inneren Krieger auf! Wer das ist und was der alles für dich tun kann, das erfährst du im nächsten Kapitel. Doch nun weiter zum Thema Hausschutz.

Zusammenfassend: Unser Haus, unser Heim, sollte unser Schutz, unsere wärmende Hülle sein, in der wir uns gut regenerieren können. Damit die Regeneration für uns auch effektiv sein kann, muss unser Haus vor negativen Einflüssen absolut abgeschirmt und somit geschützt sein, anders würden wir keinen Frieden finden.

Nun stellt sich die Frage: Wie kann ich mein Haus schützen, es energetisch absichern, es vor negativen Energien verriegeln? Die Antwort darauf ist sehr einfach. Wir setzen es in eine Lichtpyramide. Um das tun zu können, musst du dich erst einmal imaginär in die Lüfte erheben. Dafür stellst du dir gedanklich vor, dass du fliegen kannst. Doch nicht dein Körper hebt ab, nein, es ist deine Seele, die zu solchen Energietaten absolut fähig ist. Gehen wir nun weiter und schauen uns das Prinzip der Schutzpyramide genauer an. Zuerst gehen wir einmal davon aus, dass du in einem freistehenden Haus wohnst. Nachfolgend nun die Übung:

Gehe gedanklich durch jedes Zimmer und sauge dabei alle Räume aus, so wie ich es vorher schon einmal beschrieben habe. Der Sauger nimmt alle negativen Energien auf, die du dann im Kosmos entsorgen kannst. Danach gehst du einmal um das gesamte Haus herum. Das kannst du imaginär oder aber auch wirklich tun.

Mit diesem Abgehen der Außenmauern des Hauses baust du einen Schutzkreis auf. Danach nimmst du ein bisschen Abstand zum Haus, betrachtest es ein wenig aus der Ferne und stellst dir dann vor, dass das Haus von allen Seiten mit einer leichten energetischen Wand bis in die höchste Dachspitze vor negativen Energien abgeschirmt wird. Auf dem Dach bildest du dann mit den Energieenden eine Spitze, so dass das Haus hermetisch abgeriegelt ist.

Stelle dir diese Schutzwände nun auch noch einmal vom Dach ausgehend bis auf den Boden vor, so dass keine Lücke offen bleibt. Das Haus ist geschützt. Nun kommt nur noch positive und lichtspendende Energie durch das Energienetz durch. Negativ geladene Energien bleiben automatisch draußen. Je genauer du die Übung vollziehst, desto besser und auch länger währt der Schutz.

Anfänglich solltest du die Übung innerhalb von drei Wochen dreimal wiederholen. Danach reicht es zwei- bis dreimal im Jahr. Es sei denn, du hast vorher das Gefühl, einen erneuten Schutz auflegen zu müssen. Wenn du spüren solltest, dass du einen erneuten Schutz auflegen musst, dann tue es. Nach der Schutzübung wirst du sehen, du fühlst dich wesentlich geschützter und sicherer.

Dieser Schutz hindert sogar daran, Streitenergien im Haus auszuleben. Natürlich nicht in vollem Umfang, doch immerhin schlichtet es stets ein wenig die Energien, die sich im Haus befinden. Doch gerade Streit unter den Mitbewohnern ist ein Kapitel für sich, mit dem wir uns gleich mehr auseinander setzen werden. Nun weiter zum Thema Hausschutz. Was ist nun, wenn du eine Wohnung in einem Mehrfamilienhaus bewohnst, was machst du dann?

In einem solchen Fall ist es dir nicht gestattet, das ganze Haus zu reinigen, denn es gehört dir nicht und vor allen Dingen, steht es dir nicht zu, andere mit zu schützen, auch wenn du dies gerne tun würdest. Also musst du in einem solchen Fall deine Wohnung symbolisch herausschneiden. Das tust du, indem du dir vorstellst, dass du jede Menge Energieschutzplatten auf dem Boden verteilst. Gehe jede Stelle ab. Du kannst dies wirklich tun oder aber in einer Meditation imaginär.

Danach kommen die Wände dran, auch diese müssen mit einem Energieschutz in den äußeren Bereichen der Außenwand und auch der Wände, die zu anderen Wohnungen führen, symbolisch mit einem Energieschutzwall bespannt werden. Nur deine wirklichen Innenwände, die zu deiner Wohnung gehören, die brauchst du nicht zu bespannen. Nun noch die Decke, auch die wird wieder mit Schutzplatten imaginär belegt, Stück für Stück wird auch die Decke isoliert. Dann reinigst du deine Wohnung mit dem energetischen Staubsauger, genauso wie ich das eben beschrieben habe. Danach lässt du deine Wohnung leuchten.

Durch den Innenschutz, den du nun aufgebaut hast, wird helle, positive Energie einströmen, jedoch negative und auch intime deiner Nachbarn wird dich nicht mehr erreichen können. Ja, du liest richtig, wohnst du mit mehreren Menschen unter einem Dach, dann kann es sein, dass du die eine oder aber auch andere Energie deiner Mitbewohner deutlich zu spüren bekommst.

Willst du das nicht mehr, dann wende doch einfach die eben erwähnte Übung an. Ach ja, sollte das Treppenhaus für dich noch sehr belastet sein, dann kannst du dies energetisch ausfegen. Dazu nutzt du wieder den imaginären Reisigbesen. Aber bitte nur oberflächlich anwenden, denn du hast nicht das Recht, die Energien zu ändern, ohne das Einverständnis deiner Mitbewohner einzuholen. Solltest du dich dann immer noch unwohl fühlen, schützt du dich einfach und gehst nur mit einer Schutzschicht bekleidet durchs Treppenhaus, nichts wird dich mehr erreichen können.

Nun kommen wir zum Reihenhaus, denn nicht jeder wohnt in einer Wohnung oder einem freistehenden Haus. Auch hier kannst du so vorgehen, dass du zuallererst die Wand oder die Wände, die an die anderen Häuser grenzen, isolierst, indem du eine energetische Schutzwand aufbaust. Den Rest des Hauses, den vorderen und den hinteren Bereich, sowie – wenn freistehend – auch eine Haushälfte, kannst du wieder von außen behandeln und entsprechend mit einer Schutzhülle von außen umhüllen, die dann mit einem Teil des Daches verbunden wird. Auch die Reinigung mit dem imaginären Staubsauger darf nicht fehlen. Du wirst sehen, du fühlst dich deutlich besser und geschützter.

Nun hast du einiges über den energetischen Hausschutz erfahren, doch damit das alles wirken kann, beschäftigen wir uns jetzt mit dem energetischen Personenschutz.

Der energetische Personenschutz

Wenn wir uns mit dem energetischen Personenschutz auseinander setzen wollen, dann müssen wir uns erst die Frage stellen: Wie können wir uns überhaupt vor Negativenergien schützen? Eine Möglichkeit besteht grundsätzlich darin, dass wir uns imaginär eine Energieschutzhülle vorstellen, die uns abschirmt. Nichts Negatives wird uns dann mehr erreichen können. Es sei denn, wir leben in einer belasteten Struktur und ziehen negative Energien automatisch an, dann nützt auch ein solcher Schutz nichts mehr. Ansonsten wirkt der Schutzmantel in sehr einfacher Art und Weise. Von unseren Mitmenschen werden wir übrigens trotz Schutzhülle weiterhin gesehen wie bisher, nur werden wir in einem solchen Fall nicht sonderlich auffallen. Wir wirken eher gelassen und ruhig.

Wollen wir aber zeitweise fast unsichtbar durchs Leben schreiten, dann können wir uns für kurze Zeit gedanklich einen dunkelblauen Anzug, ähnlich einer zweiten Haut, anlegen. Doch gilt hierbei: Sollte dieses Schutzritual wirkungsvoll eingesetzt werden, dann muss auch unser Gesicht diese Prozedur über sich ergehen lassen. Erst wenn wir ganz in dunkelblau eingehüllt sind, werden wir kaum mehr auffallen.

Aber Vorsicht! Diese Übung solltest du nur ganz selten und wenn überhaupt nur für kurze Zeit anwenden. Sollte der Schutzanzug zu oft getragen werden, würden wir uns isolieren und letztlich durch unsere eigene Abgrenzung und Kälte frieren. Denn dunkelblau lässt keine kosmische Lichtenergie durch, doch gerade dieses lebensspendende Licht brauchen wir alle, um leben zu können.

Der beste Schutz ist immer der, sich einfach vorzustellen, im Lichterglanz inmitten einer Kerze zu stehen und von allen Seiten zu strahlen. Doch nicht nur diese Übung lässt Menschen strahlen. Schon alleine die positive Einstellung zum Leben wird einiges dazu beitragen, strahlend schön zu wirken.

Dies gilt natürlich nicht für Menschen, die sich stets mit anderen auseinandersetzen, die krampfhaft versuchen, die Wünsche dieser zu erfüllen. Nein, diese Personen werden immer ein wenig verdunkelt bleiben, da sie grundsätzlich ihre Energien mit anderen mischen, und das kann kein reines Licht ergeben. Das dürfte jedem einleuchten.

Was können wir tun, um unseren Schutz entsprechend wirken zu lassen? Wir sollten uns immer energetisch auf unsere Vorhaben einstellen. Nicht immer brauchen wir Schutz, doch in bestimmten Situationen ist er wiederum unumgänglich. Müssen wir uns beispielsweise mit Menschen in unliebsamer Art und Weise auseinander setzen, dann sollten wir uns auch entsprechend energetisch darauf einstellen und unsere Aura stärken.

Sind wir bei Freunden zum lustigen Zusammensein eingeladen, dann sollten wir fröhlich dahin fahren. Ganz so wie der Anlass es bestimmt. Genauso ist es mit unserer Garderobe: Trage grundsätzlich nur das, was du auch wirklich tragen willst. Zwänge dich niemals in eine Rolle, der du nicht gerecht werden kannst; das wird zudem für jeden sichtbar sein.

Doch was machst du, wenn du spürst, dass jemand angriffslustig nach dir greifen will? Auch hierfür gibt es eine Lösung. Wie ich schon einige Kapitel zuvor erwähnte, bestehen wir aus mehreren Teilenergien und besitzen unter anderem einen inneren Kämpfer, einen Beschützer. Hierbei handelt es sich um reine Widderenergie, die dafür da ist, uns im Leben zu beschützen. Stelle dir dafür in einer ruhigen Minute einen Kämpfer vor, der mit Schwert und auch einem Schild ausgerüstet ist.

Das Schwert nutzt er, um sich im Extremfall in kämpferischer Auseinandersetzung wehren zu können. Jedoch nutzt er es in erster Linie, um Energieverbindungen, die nicht mehr gebraucht werden, zu durchtrennen. Ein Schutzschild ist grundsätzlich dafür da, um negative Energien abzuwenden, so dass diese erst gar keine Chance haben, sich in deiner Aura zu platzieren.

Je mehr du diese Energie, den inneren Kämpfer, spürst, desto sicherer wirst du durch dein Leben gehen. Auch jeder andere wird spüren, dass du geschützt bist und somit erst gar nicht auf die Idee kommen, dich zum Kampf aufzufordern, sich mit dir energetisch streiten zu wollen. Es ist absolut legitim, sich geschützt dem Leben zu stellen, nur so können wir uns frei und offen all dem widmen, was wir auch erfahren wollen.

Bitte beachte noch eine Regel: Es darf niemals jemand anderes wichtiger sein als du selbst. Das ist die goldene Regel für einen gesunden Egoismus, der in dir den passenden Platz finden wird. Denn solltest du andere wichtiger nehmen als dich selbst, dann stellst du dich instinktiv gegen dich und das kann es nicht sein. Jeder kann sich selbst schützen und jeder ist alleine für sich verantwortlich, das sollten wir nicht vergessen.

Einzige Ausnahme dieser Regel: Unsere Kinder, solange diese noch klein sind. Denn Kinder sind auf die Hilfe der Erwachsenen angewiesen und wir sollten ihnen all die Liebe geben, die wir ihnen geben können. Allein diese Sichtweise wird uns viel Freude im Leben bereiten, die wir durch unsere Kinder erfahren werden, wenn wir der natürlichen Einstellung der Fortpflanzung folgen.

Also ist eine weitere wichtige Regel für das Hexeneinmaleins: Der energetische Personenschutz, den wir brauchen, um uns vor negativen Einflüssen zu schützen. Und damit wir nicht stets daran denken müssen, tragen Magier zumeist einen magisch, mit eigenen Gedanken belegten Ring, mit dem wir uns jetzt genauer beschäftigen werden.

Der magische Ring

Wie gesagt, alle Magier tragen einen sogenannten magischen Ring. Nun stellt sich die Frage: Was ist ein magischer Ring? Die Antwort hierauf ist relativ einfach erklärt. Es ist ein normaler Ring, der für magische Zwecke umfunktioniert wurde. Wenn auch du einen solchen Ring haben willst, dann brauchst du nichts weiter zu tun, als Geschäfte nach einem passenden Objekt abzusuchen.

Denn eins ist klar, wir brauchen für diesen Zauber einen absolut neuen und somit ungetragenen Ring, der gezielt für dieses Vorhaben gekauft werden soll. Somit darf er vorher von keinem anderen benutzt worden sein. Auch geht es hierbei nicht um Design, den besonderen Schliff, einen prunkvollen Stein oder dass der Ring unbedingt aus hochwertigem Gold sein muss. Nein, er kann schlicht und einfach sein, aber auch edel und teuer. Welchen Ring du wählst, liegt alleine an dir. Denn letztlich sollte er ein Gegenstand sein, den du tragen kannst und der dich immer daran erinnern wird, was du ihm einst aufgeladen, energetisch aufgetragen, hast.

Gut, gehen wir einmal davon aus, du hast das passende Stück gefunden. Dann sollte der nächste Schritt darin liegen, diesen Ring zu reinigen und das bitte nicht mit einer Salzlauge, wie wir es doch immer wieder lesen. Ich persönlich bevorzuge die Natur; das heißt, es wäre toll, wenn du den Ring sieben Tage im Freien liegen lassen könntest. Das kann auf dem Balkon sein, genauso wie im Garten oder auch im Wald, wenn er dort sicher aufbewahrt werden kann.

Welchen Weg du für die Reinigung wählst, liegt alleine an dir. Wichtig ist jedoch, dass der Ring Wind, Sonne, Kälte, Regen und vor allen Dingen Erde abbekommt. Je mehr verschiedene Naturstimmungen desto besser. Er, das Metall, der Stein, erinnert sich dadurch an seine ursprüngliche Herkunft und genau diese Energie brauchen wir, damit wir diesen nun noch schlummernden Gegenstand zu neuem Leben erwecken können.

Was danach folgt, sollte dann auch wieder in einem Ritual praktiziert werden. Dabei ist es jedoch ganz egal, ob du nun einen Kerzenkreis aufstellst oder ob du dich ohne Sicherheitskreis genug schützen und konzentrieren kannst. Du nimmst den Ring – wenn du Rechtshänder bist – in die linke Hand und legst die rechte darüber. Nun lasse über die rechte Hand Energien fließen, so dass der Ring aufgeladen wird. Bist du Linkshänder, dann bitte umgekehrt; du legst den Ring in die rechte Hand und die linke bringt die Energien.

Wichtig dabei ist die Gedankenklarheit, denn das, was du dem Ring nun einimpfst, das wird er lange Zeit in sich tragen. Du kannst den Ring beispielsweise als Schutzfunktion nehmen, der dir hilft und dich auf dem langen Lebensweg sicher begleitet. Lasse deine Energien mit diesen Gedanken einströmen. Wenn du genug Energie abgegeben hast – und das wirst du deutlich spüren – dann lege den Ring auf einen für dich sicheren und guten Platz in deinem Zuhause beiseite.

Wiederhole die nächsten sechs Tage dieses Ritual, danach ist der Ring fertig und du kannst ihn tragen. Ziehe ihn tagtäglich an, vor allen Dingen dann, wenn du das Haus verlässt. Nutze ihn so wie jeden anderen Schmuck auch. Also nicht vom Finger nehmen, wenn du dir die Hände wäschst. Nur Zuhause, da solltest du ihn ablegen; dort brauchst du in der Regel keinen Schutz.

Wenn du den Ring anziehst, dann denke immer kurz daran, dass du ihn als Schutzfunktion einsetzt. Hierbei genügt ein Augenblick und er wird seine Wirkung tun. Wenn du nun im alltäglichen Leben Unterstützung brauchst, dann denke an ihn, berühre ihn und schon wirst du spüren, dass du dich sicher fühlst.

Trage den Ring nur, solange du es wirklich willst. Solltest du irgendwann vor dem Ring stehen und ihn nicht mehr tragen wollen, dann hinterfrage dich warum. Es kann sein, dass dich jemand manipulieren und somit beeinflussen will. Sollte das der Fall sein, dann musst du ihn tragen und wirst aber auch sofort wieder ein sicheres Gefühl bekommen, wenn du ihn am Finger hast. Es kann aber auch sein, dass der Ring nicht mehr passt, dass du ihn nicht mehr brauchst, dann solltest du ihn in der nächsten Zeit auch nicht mehr tragen.

Überprüfe hin und wieder dein Gefühl bezüglich des Ringes. Geht das ungute Gefühl über einen längeren Zeitraum nicht weg, dann lege ihn bitte weg. Du brauchst ihn nicht mehr, er könnte dir nun eher schaden als nützen. Doch brauchst du ihn auch nicht gleich zu vernichten, immerhin hat er dir treue Dienste geleistet. Hebe ihn einfach als Erinnerung an vergangene Zeiten gut auf.

Dass dieser Ring niemals den Besitzer wechseln darf, ist hoffentlich klar. Das hätte für dich und auch für den anderen katastrophale Folgen. Willst du dem Ring die Magie und somit die aufgeladene Kraft wieder nehmen, dann führst du das Ritual in der umgekehrten Form erneut durch.

Nimm ihn dazu wieder in die Hand und denke daran, wie du ihn damals energetisch aufgeladen hast. Bedanke dich für die geleisteten Dienste. Nimm dann einen scharfen Schneider oder einen ähnlichen Gegenstand und trenne die Energiebande, indem du den Ring aufschneidest. Der Ring ist dann geöffnet und somit wertlos. Der geöffnete Ring ist energetisch zerstört und kann keine Energie mehr speichern.

Solltest du dir mehrere magische Ringe präparieren wollen, dann bitte nacheinander mit gehörigem Abstand. Ich persönlich empfehle dir höchstens zwei, die aktiv sind.

Welche Order sie haben sollen, das kannst du frei wählen, aber einer sollte schon als Schutzfunktion dienen. Denn eins ist sicher, jemand, der magisch Energien in bestimmte Richtungen transformieren kann, ist entsprechend sensitiv, und ob er sich stets genügend schützt, ist immer fraglich.

Warum du für keine andere Person einen magischen Ring präparieren darfst, ist hoffentlich klar. Du nutzt für solch ein Ritual in erster Linie deine ureigensten Energien – natürlich auch kosmische – und diese spezielle Mischung sollte nur für dich selbst da sein. Du darfst keinen anderen so nah und intim an dich heranlassen, sonst begibst du dich in eine Abhängigkeit, die verheerende Folgen für dich haben wird.

Jeder, der einen magischen Ring besitzen will, muss dafür selbst Sorge tragen und sich sein eigenes Werk erschaffen. Nur wir alleine sind in der Lage, uns das zu geben, was wir brauchen, kein anderer vermag dies für uns zu tun.

Regel: Jeder Magier sollte zum Schutz seiner eigenen Spiritualität einen magischen Ring besitzen, den nur er selbst für sich erschaffen hat.

Die praktische Anwendung der Magie

Wenn wir die Grundregeln der Magie verstanden haben und nun loslegen wollen, gibt es nur noch eine Sache, die es zu berücksichtigen gibt; die jedoch so enorm wichtig ist, dass ich sie hier besonders erwähnen möchte: Der Unterschied zwischen weißer und schwarzer Magie.

Bestimmt hast auch du schon öfters den Ausdruck „schwarze Magie" gehört. Doch um was geht es hierbei? Man sagt der schwarzen Magie nach, dass sie andere Menschen in ihren Bann zieht und somit Einfluss auf deren Leben, auf deren Energie, nimmt. Der weißen Magie wird nachgesagt, dass sie unterstützend wirkt und von daher nur helle Energie übermittelt.

Doch was ist nun weiß und was ist schwarz? Meine persönliche Meinung besteht darin, dass alles schwarz ist, was andere beeinflussen will und das kann auch schon ein gutgemeintes „Gesundbeten" sein. Denn immer dann, wenn wir anderen gezielt und in voller Absicht Energien senden, dann nehmen wir Einfluss auf deren Energiehaushalt, das ist grundsätzlich so.

Dies bezieht sich jedoch nicht nur auf Gedanken, die wir bewusst an andere aussenden, die wiederum nur empfangen werden können, wenn wir uns auf derselben Frequenz befinden. Nein, alle unsere Wünsche, gesendet an Personen, die wir kennen, zu denen wir eine emotional tiefe Öffnung haben, die kommen an und deswegen sollten wir immer überlegen, was wir aussenden.

Wir dürfen nur dann energetisch gezielt etwas unternehmen, wenn der andere uns darum gebeten hat, für ihn etwas energetisch zu tun und ganz wichtig, wir das auch wirklich tun wollen. Im Klartext: Sollten wir uns selbst die Erlaubnis geben, für einen anderen magisch zu arbeiten, dann greifen wir in das Energiesystem dieser Person ein. Wir können aus unserer Perspektive betrachtet nicht klar erkennen, ob das, was wir meinen, auch wirklich gut für die andere Person ist.

Doch was machen wir, wenn wir erkennen, dass es einem anderen Menschen, der uns nahe steht, schlecht geht? Sollten wir die Augen verschließen und so tun, als ging es uns nichts an? Nein, das natürlich auch nicht. Wir können immer und jederzeit die Schutzengel eines anderen bitten, sich um die Person zu kümmern. Das heißt, wir dürfen immer und jederzeit für andere beten, nur dürfen wir niemals festlegen, wie es dem anderen energetisch gehen soll, denn dann würden wir in sein System eingreifen, was wir wiederum nicht tun dürfen. Doch wir können immer und jederzeit die kosmischen Energien darum bitten, sich dieser Seele anzunehmen, ohne genau zu wissen, was dann passieren wird.

Würden wir alleine einen anderen „gesundbeten" wollen, dann mischen wir uns trotz der guten Absicht in einen Heilungsprozess dieser Person ein, was uns überhaupt nicht zusteht. Wir haben kein Recht, etwas zu tun, worum wir nicht gebeten wurden.

Fragt uns aber der andere: „Kannst du unterstützend an mich denken, um mir für mein Vorhaben Kraft zu geben?", dann können wir dies ohne weiteres tun. Denn im Auftrag desjenigen zu handeln, wenn wir ihn auch freiwillig unterstützen wollen, das können wir immer tun. Manchmal brauchen wir alle gegenseitige Unterstützung, die uns dann auch weiterhilft, klare Linien zu ziehen. Denn jeder Mensch braucht irgendwann einmal Hilfe und die sollten wir uns dann auch gegenseitig gewähren.

Was wir jedoch niemals tun dürfen, ist, eine energetische Unterstützung zu gewährleisten, damit jemand einem anderen schaden kann. Denn zwei Personen, die gleichzeitig an eine Sache denken, fabrizieren eine große Ladung Energie. Man kann diese Energieladung damit vergleichen, als würden gleichzeitig vier Personen Energien in eine bestimmte Richtung mit einer gezielten Absicht aus sich herausschleudern. Die Energien der Personen multiplizieren sich entsprechend.

Also gilt: Vorsicht bei Energieunterstützung. Schon alleine eine bewusst magische Unterstützung einer Person, die trauert, da sie den verstorbenen Partner nicht loslassen will, um ihr zu helfen, den Verlust zu verarbeiten, ist nicht in Ordnung, wenn sie diese Energien missbraucht, um den Verstorbenen zu halten. Wenn sie ihn aus rein egoistischen Gründen halten will und diese Emotion auch noch von anderen energetisch unterstützt wird, dann ist dies eine Einmischung in die Freiheit des verstorbenen Partners, der diesen Weg aus der Beziehung gewählt hat. Denn mit einem Bein wird er bestimmt noch an der Vergangenheit hängen und wenn dann geballte Kraft ihn wieder zurückdrängt, dann kann es sein, dass er sich nicht wirklich auf der Astralebene ausleben kann, da er an unserer Ebene gebunden bleibt und das rein nur durch die energetische Manipulation, somit nicht aus freien Stücken. Das ist nicht in Ordnung und hat auch mit Liebe nichts zu tun.

Wir müssen, egal wie unlogisch es uns auch erscheinen mag, die Meinungen unserer Mitmenschen respektieren und vor allem akzeptieren. Keiner hat das Recht, einen anderen zu beeinflussen.

Und denke daran, solltest du dich zu einer magischen Partnerschaftszusammenführung verleiten lassen, dann wird dir das gleiche Schicksal auch widerfahren, und du kommst in diesem Fall von einem Menschen nicht mehr los, den du doch schon so lange verlassen wolltest. Es gibt nichts, was nicht auf uns selbst wieder zurückkommen würde.

Dies gilt auch für die weiße Magie, die wir als einzige für uns einsetzen sollten. Sie dient rein dazu, unsere Energien für uns selbst entsprechend zu stabilisieren und unser Leben selbst in unsere Hände zu nehmen. Haben wir das verstanden, dann werden wir mit unserem Leben ganz anders verfahren können.

Nur wir selbst sollten magisch für uns arbeiten und keinem anderen zu Diensten stehen, auch wenn es sich hierbei um unsere leiblichen Eltern handelt. Und damit auch dieses Thema klarer wird, werden wir uns nun ein wenig damit auseinander setzen.

Oftmals meinen Eltern, immer noch ein Anrecht auf die Energien ihrer erwachsenen Kinder zu haben. Woher das kommt, ist einfach zu verstehen, wenn wir uns mit der Unzufriedenheit vieler Menschen auseinander setzen. Denn wie oft passiert es, dass Eltern unzufrieden mit ihrem eigenen Leben sind und diese nicht enden wollende Belastung auf ihre Kinder übertragen wollen.

In einem solchen Fall übernehmen die Kinder oftmals die Aufgabe, den Eltern eine Art Befriedigung, Zufriedenheit, zuteilwerden zu lassen. Sie sind somit für das seelische Wohl der Eltern oder aber auch nur eines Elternteiles verantwortlich. Kinder sind selbstlos und stellen sich nur der natürlichen Entwicklung in ihrer Kindheit. Wenn man sie in Ruhe gedeihen lässt, ohne sie zu stören, dann entwickeln sie sich so, wie es sein soll.

Unterbricht man aber diese Ruhe und fordert beispielsweise von den eigenen Kindern die Kompensation der inneren Unzufriedenheit, dann wird das Kind von seinem Spieltrieb ablassen und sich den Eltern zuwenden, um diese zu harmonisieren. Und je mehr die Eltern die Gabe des Kindes annehmen, desto mehr Gewohnheit wird aus der gesamten Struktur.

Und so passiert es nicht selten, dass Eltern sich absolut daran gewöhnen, dass ihre Kinder sich für die Familienharmonie opfern. Die Opferung wird nach einer Weile auch nicht mehr als Einsatz sondern vielmehr als selbstverständlich gesehen. Die anderen Familienmitglieder sind es dann gewohnt, dass das Kind diese Struktur übernommen hat. Sogar wenn das Kind dann selbst erwachsen wird, löst sich eine solche Struktur nicht automatisch auf.

Das erwachsene Kind wird immer wieder dafür Sorge tragen und somit Energie aufwenden, damit es den Eltern gut geht. Das ist seine Aufgabe, die es übernommen hat und die es Ewigkeiten, sogar über dieses Leben hinaus ausüben wird, bis es sich dieser Struktur bewusst wird und das Muster verlässt. Ein Kind kann nur Kind sein, wenn ihm die Atmosphäre Zuhause harmonisch und natürlich erscheint, erst dann kann es sich auf sich selbst besinnen.

Leider wird gerade ein solches – wie oben beschriebenes – Verhaltensmuster in vielen Familien gelebt. Auch das typische „schwarze Familienschaf" ist ein solches Bild, welches eine Familie meint zu brauchen, um sich über die andere Person, das ausgewählte Familienmitglied, selbst rein zu waschen.

Somit nutzen viele Familienmitglieder ihre Anverwandten, um sich eine beliebte Position auszusuchen und den anderen die lästigen Reste zu übertragen. Das heißt im Klartext, dass in fast allen Familien jeder eine bestimmte Struktur übernimmt, damit die anderen Mitglieder diesen Bereich nicht mehr übernehmen müssen.

Sollte dann einer aus dem gewohnten Rahmen springen, dann werden die anderen dafür Sorge tragen, dass diese Person wieder zurückgeschubst wird. Nach dem Motto: Blut ist dicker als Wasser und wir müssen alle zusammenhalten. Doch genau das, was ich eben beschrieben habe, hat nichts mit Zusammenhalt, sondern viel eher mit einer Art Mitbenutzung zu tun. Doch keiner hat ein Anrecht auf einen anderen, jeder muss sich schon selbst leben, anders geht es nicht.

Wenn ein Elternteil oder aber auch beide von einem ihrer Kinder erwarten, dass dieses sich so zu verhalten hat, wie sie sich das wünschen, dann programmieren sie das Kind für ihre eigenen Zwecke. Das könnte dann für den heranwachsenden kleinen Menschen bedeuten, dass er die eingelagerte Programmierung beibehält, was zur Folge hätte, dass er dann als Erwachsener, im eigenen Leben stehend, noch immer das erfüllt, was sich die Eltern wünschen. Dabei braucht er nicht mehr die direkten Eltern als Forderungshaltung im Außen zu haben, da dienen auch andere Mitmenschen, die ähnliche Forderungen aufstellen.

Denn alles das, was wir einst als Programmierung empfangen haben, das leben wir Ewigkeiten nach, wenn es immer wieder leicht energetisch unterstützt wird. Und dabei genügt schon alleine der morgendliche Gedanke der Mutter, damit das Kind jeden Tag aufs Neue seine Aufgabe und die Botschaft erhält. Das heißt dann, eine erwachsene Person nährt die Eltern unbewusst mit, obwohl sie dies bewusst gar nicht tun will.

Bitte überprüfe dich selbst. Solltest du immer noch deine Eltern mit ernähren, dann tue dies bitte nur freiwillig und niemals aus Zwang oder – nennen wir es anders – aus unbewussten Verhaltensmustern heraus. Jede unbewusste und somit energetisch zwanghafte Ernährung reißt in dir jeden Tag aufs Neue deine Aura auf und du verletzt dich erneut. Wenn du so mit dir umgehst, dann wirst du dich stets unwohl in deiner Haut fühlen. Du bist dann nicht mehr Herr über deine Energien.

Solltest du solche Muster an dir erkennen, dann handele, mache Übungen oder eine Familienaufstellung, damit du dich endlich lösen kannst. Übergebe in einem solchen Fall deinen Eltern individuell, der Mutter und auch dem Vater, die Verantwortung für das eigene Leben wieder zurück, nur so wird es funktionieren, dass du endlich freikommst.

Auch das ist eine Regel, die ein Magier beherrschen sollte: Das bewusste Einsetzen der eigenen Energie. Und das können wir wiederum nur, wenn wir uns auch bewusst damit auseinander setzen, welche Programmierungen in uns was hervorrufen können.

Da du nun deutlich über weiße und auch schwarze Magie Bescheid weißt, werden wir uns in den nächsten Kapiteln mit einigen Ritualen, dem Zauber der Magie, auseinander setzen, damit du diese nach vollem Wissen und Gewissen einsetzen kannst.

Und denke bitte immer daran: Solltest du Rituale nutzen wollen, um anderen zu schaden, dann wirst du die Schädigung bis zu siebenfach zurückbekommen. Das ist eine alte Hexenweisheit, die immer noch gilt.

Der Liebeszauber

Bevor wir uns mit dem Thema Liebeszauber auseinandersetzen, sollten wir uns erst einmal folgende Frage stellen: Was macht Menschen überhaupt begehrenswert? Hast auch du dir schon einmal diese Frage gestellt? Willst du die Antwort wissen? Es ist die Ausstrahlung, das bewusste Einsetzen der Energieressourcen, die von diesen Personen ausgeht und die andere so fasziniert.

Ein Mensch, der strahlt, fällt auf und symbolisiert nur allzu deutlich, dass er begehrt werden will, da er sich auch für begehrenswert hält. Seine innere positive Einstellung zu seiner Person ist das, was er nach außen darstellt und was andere als Resonanz ihm entgegenhalten. Gerade im „Balzverhalten", um die Partnersuche mal ein wenig aufgelockert zu bezeichnen, nutzen wir unsere ureigensten Ressourcen, um diese gezielt einzusetzen. Mindestens jeden Frühling, da spüren wir uns wieder, da fühlen wir unsere Energien in Wallung. Wir nutzen alle Möglichkeiten, die uns zur Verfügung stehen, um uns attraktiv zu zeigen. In erster Linie machen wir das für uns selbst.

Dazu brauchen wir aber eine positive Einstellung zu uns selbst, und das wiederum sollte für uns absolut selbstverständlich sein. Erst dann können wir uns auch an uns selbst erfreuen. Sollten wir im Unreinen mit uns selbst sein und uns zu wenig annehmen, dann erwarten wir automatisch von anderen, dass sie uns das erfüllen, was wir uns selbst nicht geben wollen. Tief enttäuscht werden wir dann immer wieder auf Menschen treffen, die ein ähnliches Verhaltensmuster an den Tag legen und von uns erwarten, dass wir ihnen das geben, was wir uns und sie sich selbst nicht einmal geben wollen: Die Annahme unserer Person, damit endlich in uns Frieden eintreten kann.

Denn gerade dann, wenn wir mit uns selbst hadern, treffen wir auf Menschen, die auch mit sich selbst hadern und die uns die Heilung, die wir von ihnen erwarten, geben sollen. Nur dass dies so niemals funktionieren kann. Deshalb beschäftigen wir uns nun weiterhin mit dem Liebeszauber, den wir alle in uns tragen und wieder zum Leben erwecken sollten, damit wir uns spüren.

Doch wem oder was wollen wir zeigen, was in uns steckt? Natürlich einem anderen Menschen, einem eventuellen Partner; der soll wissen, was wir zu bieten haben, damit wir erkennen können, inwieweit eine Kompatibilität überhaupt möglich ist. Denn nur, wenn wir unsere Energien zeigen, können wir fühlen, inwieweit unser Gegenüber ein möglicher Partnerschaftskandidat sein könnte.

Somit nutzen wir diese Möglichkeit auf der einen Seite, um uns auf der großen Partnerschaftsbühne zu zeigen, damit wir auf einen passenden Partner treffen können. Auf der anderen Seite sollten wir unsere Ressourcen aber grundsätzlich und immer für uns nutzbar bereit halten, damit unser Leben weiterhin lebendig bleibt. Denn wie oft erleben wir unsere Energien im Liebestaumel zu einer anderen Person, und wenn dann der erste Liebeshauch verblasst ist, spüren wir wieder den kalten Atem des Alltags, der uns einzuholen droht.

Deshalb sollten wir uns jeden Tag in Liebe begegnen, dann kann uns das nicht passieren.

Ich gebe dir nun ein gutes Beispiel, anhand dessen du sehr leicht erkennen kannst, was ich meine: Sollten wir uns selbst zu wenig lieben, dann spüren wir uns zumeist erst im Verbund mit einem anderen Menschen, da wir meinen, durch die Liebe des anderen zur eigenen Liebe zu finden. Im Klartext: Wir spüren unsere eigenen Gefühle durch einen Partner, der uns den Spiegel vorhält.

Somit kann uns kein Partner Liebe bringen, nein, er kann uns höchstens an unsere eigene vorhandene – aber zumeist für uns selbst zu wenig gelebte – Liebesfähigkeit erinnern, und durch das starke Gefühl der Erinnerung spüren wir uns auf einmal selbst wieder. Den wenigsten ist jedoch bewusst, dass sie sich selbst spüren und so meinen viele, das momentan spürbare Glück durch den vermeintlichen Glücksbringer, den Partner festhalten zu müssen, damit ihnen das Gefühl des Glücks nicht direkt wieder verloren geht. Doch je mehr du an dem anderen klammerst, je mehr du über den Verlust nachdenkst, desto weniger wirst du den Ist-Zustand genießen können und dir selbst die schönen Stunden vermiesen.

Viele Menschen müssen erst einmal verstehen lernen, dass sie stets glücklich sein können; das allerdings nur, wenn sie sich selbst lieben. Im Grunde genommen wird über den Partner die eigene Liebe angesprochen und das ist das, was wir dann spüren. Wir sind glücklich, wir fühlen uns komplett und wir müssen dieses Gefühl hin und wieder erleben, damit wir überhaupt in der Lage sind, uns zu spüren.

Die Sehnsucht nach Glück ist das, was viele nicht leben lässt. Je klarer wir uns dessen sind, dass in einer Zweierbeziehung hauptsächlich nur unsere eigenen Gefühle geweckt werden, desto freier und glücklicher können wir unser Partnerschaftsleben gestalten.

Das heißt aber auch, dass wir, solange wir uns selbst nicht lieben, Partner suchen werden, die sich genauso wenig lieben. Denn solange wir auf der Suche nach uns selbst sind, ziehen wir nach dem Gesetz der Resonanz Partner an, die auch noch auf der Suche nach sich selbst sind.

Somit kann kaum ein tiefer Verbund ohne eine gleichzeitige Verletzung einhergehen, das funktioniert nicht, da wir die Heilung, die Erfüllung unserer Wünsche vom anderen erwarten. Sollten wir uns jedoch selbst lieben, dann treffen wir automatisch nach dem Gesetz der Spiegelresonanz auf Partner, die sich auch lieben und somit steht einer partnerschaftlichen Liebe wohl nichts mehr im Wege.

Wenn wir uns nun ein wenig umschauen, dann werden wir sehr schnell erkennen können, dass es viele Menschen geben muss, die die Liebe vom Partner erwarten, ohne an sich selbst zu denken. Würde diesen Menschen nun bewusst werden, dass nur sie selbst sich den energetischen Liebeszauber geben können, dann würden sie sich direkt wesentlich besser fühlen. Das ist des Rätsels Lösung.

Wenn du also begehrenswert sein willst, dann liebe dich in erster Linie selbst und du wirst sehen, wie du strahlst, wie dir das Leben Spaß macht und genau diese Freude steckt auch deine Mitmenschen an. Was du dafür tun kannst? Achte auf dich! Sei dir selbst gegenüber pingelig. Lebe nur das, was du auch leben möchtest und was du als sinnvoll erachtest.

Schaue regelmäßig in den Spiegel. Fühlst du dich gut? Wenn nein, betrachte dich und überlege wie du aussehen möchtest. Ändere entsprechend dein Aussehen! Achte auf deine Figur, du solltest in Form sein, dich wohl fühlen, damit du entsprechend auftreten kannst. Trage nur Kleidung, die du auch wirklich tragen möchtest. Erfreue dich an deinem Körper. Sei glücklich mit dir selbst.

Es wird dir anfänglich bestimmt schwer fallen, dich so intensiv mit dir zu beschäftigen. Die Gewohnheit sorgenvoll an einen Partner zu denken, wird dich anfangs stets einzuholen drohen. Doch wenn du erfolgreich sein willst, dann solltest du jeden Tag mindestens drei Mal intensiv an die Eigenliebe denken. Sei dir sicher, du wirst dich bald besser fühlen.

Probiere es doch einfach mal aus. Erst dann wirst du partnerschaftliche Liebe spüren können, denn dieser Energieverbund, der wirklich zwischen zwei Menschen gelebt werden kann, ist das, wonach sich die meisten sehnen. Doch erst, wenn wir in Frieden mit uns selbst leben, dann werden wir dieses gemeinschaftliche Gefühl wirklich spüren und auch annehmen können. Lass dich überraschen!

Noch ein wichtiger Ansatz: Da alle Menschen grundsätzlich nach Ritualen leben, üben die meisten ihre Gewohnheiten unbewusst aus. Und nicht selten treffen wir dabei auf Personen, die sich täglich selbst fertig machen. Sie nörgeln an sich herum, sind unzufrieden mit sich selbst, ärgern sich über sich und andere, was dann auch direkt für jedermann sichtbar ist.

Ich könnte die Palette der Unzufriedenheit, des Unwohlseins, beliebig verlängern, doch glaube mir, die umgekehrte Form zu leben macht wesentlich mehr Spaß! Deshalb überprüfe dich: Wie gehst du mit dir selbst um? Schaffe Frieden mit dir selbst und du wirst sehen, es wird dir bald viel besser gehen.

Wenn du einen Geliebten erobern möchtest, kann ich dir noch fol-
gende Tipps geben, die du anwenden kannst, wenn du der Meinung
bist, diese zu brauchen. Aber denke bitte daran, jeder versucht sich
so gut wie möglich anzubieten.

- *Überlege immer, was du in den eventuellen Partner hinein*
  interpretierst. Wie oft sehen wir mehr, als wirklich da ist, da
  wir ein Bild in uns tragen, was wir unbedingt bestätigt haben
  wollen? Nur wem nützt es, wenn wir dann enttäuscht und wütend
  auf den Partner blicken, da wir etwas anderes erwartet haben?

- *Partnerschaft zu leben heißt, in Liebe das anzunehmen, was der*
  Partner geben möchte und nicht mit einer Peitsche etwas heraus
  prügeln wollen, was wir meinen zu brauchen. Die Freiwilligkeit
  sollte somit das oberste Gebot einer Partnerschaft sein. Und
  es dürfte jedem einleuchten, dass es wenig Sinn macht, einen
  Partner so stark mit den eigenen Liebesenergien zu becircen,
  dass dieser und auch wir selbst geblendet sind.

- *Wem nützt es, wenn wir über ihn „Puderzucker" streuen, damit*
  er süß schmeckt? Denn eines Tages, wenn der Puderbelag nicht
  mehr da ist, dann kann es sein, dass er dir nicht mehr schmeckt
  und du meinst, eine Mogelpackung ergattert zu haben, da du
  wesentlich weniger Inhalt spürst als angenommen. Nur denke
  dann daran, du hast ihn so haben wollen, also bitte.

Die eigene Liebesenergie, die du dir selbst nicht gibst, die sendest du
dann zum Partner, damit dieser versteht, wie du geliebt werden willst.
Doch der wiederum erlebt das Gleiche und wartet darauf, weiterhin
gefüttert zu werden. Meiner Einstellung nach nützt es wenig, zu viel
Liebesenergie auszusenden, da jeder auf den anderen zugehen und
somit investieren muss, sonst kann es keine Liebe sein.

Denke einmal darüber nach und hier dennoch ein paar Tipps, um dein Herzblatt zu erobern:

- *Denke oft und regelmäßig an die partnerschaftliche Person und sende dabei bewusst liebevolle Energie aus, die aber auch spürbar von dir als Absender kommt.*

- *Wenn du die eben beschriebenen Gedanken unterstützen willst, dann nutze Parfüm oder Rosen, atme den Duft ein und sende ihn gedanklich mit aus. Die Person wird dich wiedererkennen.*

- *Bitte keine Unsicherheit bezüglich deines Partnerschaftsverhaltens. Sei dir sicher, dass dir ein Partner – vielleicht sogar dieser Partner, den du nun vor Augen hast – zusteht. Du wirst sehen, es wird sich einiges tun.*

- *Solltest du noch keinen Partner im Auge haben, dann musst du dich erst einmal öffnen und in einem Ritual, einer Meditation oder einem Gebet offen energetisch zugeben, dem Kosmos somit mitteilen, dass du wahrhaftig einen Partner haben willst.*

- *Achte darauf, dass symbolisch auf deiner Stirn „frei" steht. Jeder, der auf Partnersuche ist, wird das lesen können.*

- *Bette dich in Rosen, die in Liebe getränkt sind und lasse gedanklich die Liebe durch dich hindurchfließen und du wirst bald nicht mehr alleine sein.*

- *Stelle dich mit einem Partner oder einer bestimmten Person in einer Partnerschaftsumarmung vor. Je mehr du daran denkst und auch glaubst, desto eher werden deine Wünsche in Erfüllung gehen. Zweifele nicht an dir selbst, nur so kannst du gewinnen.*

Denke bitte immer daran, dass alles, was du bewusst aussendest, auch ankommen wird. Die Freiwilligkeit ist der beste Garant für ein schönes Miteinander. Natürlich kannst du alle deine Vorhaben bewusst unterstützen, nur bedenke immer, was du tatsächlich haben willst.

Doch nun, weil es sich so gehört und es sich natürlich auch um alte Weisheiten handelt, hier ein paar weitere magische Tipps:

- *Wenn du eine Person, mit der du schon zusammen bist, mehr an dich binden willst, dann nimm ein Haar dieser Person und ein Haar von dir, binde diese beiden Haare zusammen und verbrenne dann dieses kleine Bündel mit liebevollen Gedanken der Verbundenheit. Nun seid ihr mehr verbunden als vorher. Doch denke daran, die Freiwilligkeit ist der größte Partner der Liebe, deshalb solltest du dir bei dem Ritual sagen, dass dieser Zauber nur solange hält, wie beide die Verbindung wollen.*

- *Hast du Angst, dein Partner geht dir fremd? Dann denke bitte daran, du denkst an solche Ereignisse, das muss gar nichts mit ihm zu tun haben! Also überprüfe dich, lebst du dich selbst zu wenig? Wenn du zu viel an den Partner denkst, dann gehst du dir selbst fremd und das wird solche Gefühle in dir auslösen können. Die Achtung vor sich selbst ist der Garant für eine gesunde Partnerschaft.*

- *Solltest du nun immer noch Angst davor haben, dass dein Partner dir nicht die Treue hält, dann nimmst du ein Schamhaar deines Partners und eins von dir, verbindest die beiden und verbrennst die Haare mit dem Gedanken der partnerschaftlichen Treue. Der Partner wird es nun schwer haben fremd zu gehen. Anmerkung von mir: Ein Partner, der fremd geht, ist es nicht wert, von dir*

geliebt zu werden, da er diese Liebe nicht zu schätzen weiß.
Somit wird auch dieses Ritual nur wenig nutzen.

- *Wenn dein Partner auf Reisen gehen muss, dann gib ihm etwas*
  – irgendeinen persönlichen Gegenstand – von dir mit und lege
  dir selbst auch etwas – wie ein getragenes T-Shirt – unter dein
  Kopfkissen. Du wirst dein Herzblatt dann immer deutlich bei
  dir spüren. Eure gemeinsame Energie wird dich halten und auch
  tragen, und auch von jedem anderen spürbar wahrgenommen
  werden.

- *Wenn du dich gebunden fühlst, dann schreibe symbolisch auf*
  deine Stirn „besetzt", das wird jeder imaginär lesen und sich
  daran halten können. Man merkt sofort, ob jemand eine Bereit-
  schaft hat, sich auf ein Auswärtsspiel einzulassen oder auch nicht.

- *Rede jedoch auch mit deinem Partner offen über seine und*
  deine sexuellen Wünsche, damit ihr weitere Gemeinsamkeiten
  auch entdecken könnt. Eine monotone, unzufrieden gelebte
  Sexualität, wird der Beziehung dauerhaft schaden.

Denke bitte daran, dass wir alle uns weiterentwickeln müssen. Wir dürfen uns nicht davon abhalten lassen. Bitte versuche nicht deinen Partner zu kontrollieren, nur da du Angst hast, dass er das gemeinsame Feld verlassen könnte. Er hat die Pflicht, sich um sich selbst zu kümmern und wird es so oder so auch tun. Unterstütze ihn energetisch positiv und ihr habt eine traumhafte Zeit vor euch.

Wenn du dich noch mehr binden willst, dann solltest du Ringe der Verbundenheit wählen und diese in einem Ritual gegenseitig mit den passenden Gedanken und auch Worten an den Finger stecken.

Dies kannst du selbst tun, dafür brauchst du keine andere Person, die dieses Ritual zelebriert.

Der tiefste Verbund ist natürlich die Ehe, die nicht nur im Innenverhältnis sondern auch im Außen deutlich zeigt, dass dieses Paar für dieses Leben miteinander versprochen und somit gebunden ist.

Noch ein paar Tipps für eine erfüllte Partnerschaft:

- *Sende immer nur Liebesenergie zum anderen und zu dir selbst.*

- *Die eigene Liebe ist die stärkste Macht und wird jede Beziehung mit Glück erfüllen.*

- *Sei nach Möglichkeit niemals wirklich böse oder sauer auf deinen Partner. Denke daran, diese Gefühle sind in dir Zuhause. Du solltest eher mit deinen eigenen Schattenanteilen Kontakt aufnehmen, anstatt auf den anderen zu schauen und Gefahr zu laufen, dir die Partnerschaft durch die eigene Unzufriedenheit zu zerstören.*

- *Gemeinsame Wege und Planungen schaffen ein Gefühl der Sicherheit.*

- *Absprachen sollten immer getroffen werden. Doch nur gute Argumente zählen und lassen einen Partner nachdenken.*

- *Kommunikation ist ein wichtiger Meilenstein in einer Beziehung. Reden ist Gold.*

- *Gemeinsame Sexualität sollte einen besonderen Rahmen in der Beziehung haben. Ohne Sexualität kann keine Partnerschaft dauerhaft funktionieren, es sei denn, beide haben dieses Bedürfnis wenig in sich ausgeprägt.*

- *Gemeinsame positive Erinnerungen binden. Hingegen sollten Verfehlungen der einzelnen Personen verziehen und gelöscht werden. Stets alte Verletzungen aufzuwärmen ist der Garant bald vor einem Scherbenhaufen zu stehen.*

- *Man sollte dem Partner immer mit Ehrfurcht und Respekt begegnen. Keiner kann einen anderen besitzen, dessen sollten wir uns stets bewusst sein.*

- *Liebe geht nur über Freiwilligkeit.*

- *Zweisamkeit stellt nur eine geborgte Zeit dar, die man mit Respekt leben sollte, damit sie lange anhält.*

Ich hoffe nun sehr, dass du für dich genug Hinweise gefunden hast, so dass du deinen eigenen Liebeszauber wieder zum Leben erwecken kannst. Bitte bleibe immer fair und begegne deinem Partner nur mit reiner Liebe, dann wirst du erfüllte Partnerschaft garantiert leben können.

Der Erfolgszauber

Stelle dir doch einmal folgende Frage: Was mache ich, damit ich erfolgreich sein kann? Nicht der Kosmos oder andere Umstände bestimmen deinen Erfolg. Nein, nur du selbst bestimmst, inwieweit dein Energieeinsatz wirklich erfolgversprechend eingesetzt ist. Denn auch nur du alleine kannst von deiner Idee, dem Vorhaben überzeugt sein. Nur du alleine bestimmst deinen Erfolgsgewinn, dies aber nur, wenn auch alle Anteile in dir dem Erfolg zustimmen. Noch deutlicher: Wenn du keinen Glaubenssatz in dir trägst, der deine schönen Ideen wieder zunichtemacht, dann sollte der Verwirklichung deiner Wünsche nichts im Wege stehen.

Doch wie oft erleben wir, dass wir gerade geprägt durch negative Gedanken in der Kindheit meinen, unseren Eltern immer noch beweisen zu müssen, dass das Bild, was sie von uns haben, nicht unserer Wahrheit entspricht. Dann will beispielsweise der Sohn besser sein als der erfolgreiche Vater und lässt sich unbewusst auf einen Wertungskampf ein, der mit Sicherheit keinen Sieger hervorbringen wird. Somit befindet sich der Sohn in Opposition zum Vater und nicht auf seiner eigenen Schiene.

Das wird ihm jedoch wenig bewusst sein. Doch eines Tages wird er feststellen, dass er etwas ausübt, was er tief in seinem Herzen gar nicht tun möchte. Und dann wird er erst einmal umdenken müssen und sich hinterfragen, was wirklich seins und was die Erfüllung der Anerkennung seitens seines Vaters ist. Der Vater wird ihn nicht eingeladen haben, ein solches Spiel mit ihm zu spielen. Nein, das hat er mit Sicherheit selbst getan, nur dass ihm das lange Zeit nicht bewusst ist.

Doch die Investition, die wir tätigen, ist die Basis für unseren Erfolg. Und wenn wir uns lange Zeit auf einer Schiene bewegen, die nicht unsere eigene ist, dann werden wir erst einmal komplett umdenken und neue Energien investieren müssen. Doch alles das, was neu ist, wird seine Zeit brauchen, um energetisch spürbar zu sein.

Erfolgreich können wir somit nur sein, wenn wir unsere Energie nicht als Kompensation innerer Vernichtungsmuster belegt haben. Erfolg hat rein mit unserer Einstellung, der inneren Überzeugung und vor allem unserem inneren Willen zu tun. Denn nicht jeder hat Ehrgeiz und will „Wunder" bewirken. Doch so mancher stellt sich gerne der Herausforderung und kämpft, setzt seine Energien zielgerichtet ein, so dass der Energieresonanz nichts im Wege stehen kann.

Und trotzdem werden wir uns nun damit auseinander setzen, wie wir noch erfolgreicher sein können. Doch die Grundbedingung ist die, dass wir uns vollkommen klar sind, was wir wollen und vor allem, auf welchem Gebiet wir erfolgreich sein wollen. Auch eine Hausfrau, die in Liebe und mit großer Willenskraft ihrer Familie zur Seite steht, wird genauso erfolgreich sein wie ein Geschäftsmann, der lange Zeit an einer Strategie arbeitet, um eines Tages die Lorbeeren seines mühevollen Arbeitseinsatzes in den Händen zu halten. Also ist erst einmal folgende Frage wichtig: Auf welchem Sektor wollen wir erfolgreich sein?

Wenn du den Bereich genau herausgefunden hast, dann ist es noch wichtig, genau zu wissen, was du mit dem Erfolg begründen willst. Oftmals unterschätzen und übersehen wir das, was wir wirklich gut können. Stattdessen schielen wir mehr auf unseren Nachbarn, der aus unserer Sicht wesentlich mehr erbringt und meinen nun, uns mit ihm messen zu müssen. Doch genau das ist das, worum es nicht geht.

Nur wir selbst sind wirklich in der Lage, genau zu ergründen, um was es bei uns geht. Also müssen wir zuerst einmal anfangen, uns für all das, was wir geleistet haben, auf die Schulter zu klopfen. Die Dankbarkeit gegenüber uns selbst, gegenüber unserer bisher erbrachten Leistung lässt erst weitere Stufen erklimmen. Somit sollten wir ab und zu mal innehalten und zufrieden aus unserer Anzugwäsche schauen, damit die bisher erbrachte Energieleistung auch gebührend gelobt wird.

Sollten wir allerdings gierig immer wieder nach weiteren Erfolgsmomenten trachten und den Ist-Zustand nicht wirklich gewichten wollen, dann werden wir irgendwann von unserer selbst eroberten Leiter fallen, damit wir noch einmal den Blick von unten nach oben erhaschen können. Somit ist ein wichtiges Gebot auf der Erfolgsleiter, stets auch das vor Augen zu halten, was wir schon alles erreicht haben. Tun wir das, dann können wir einen Schritt weitergehen.

Wir sollten eine klare Zukunftsvision haben, die für uns auch erreichbar ist. Schaue dir die inneren Bilder so klar wie möglich an, überprüfe dabei dein Gefühl: Glaubst du daran? Glaubst du an dich selbst? Glaubst du an das, was du imaginär siehst? Wenn dein Gefühl nun mit „nein" antwortet, dann kannst du sicher sein, dass dein Erfolg nicht gesichert ist. Anhand deines Gefühls kannst du klar erkennen, dass du nicht überzeugt bist. Nun, das kann daran liegen, dass du – wie oben erklärt – einen negativen Glaubenssatz in dir trägst. Oder aber du hast dich für eine Sache entschieden, die dir nicht so ganz liegt. Egal, um welches Thema es sich auch handelt, du musst dich schon damit auseinander setzen, was du wirklich tun kannst und auch willst.

Sind deine inneren Bilder und das Gefühl im Einklang, dann kannst du loslegen. Doch gegen dein inneres Gefühl zu arbeiten wäre unlogisch. Bitte überprüfe dich des Öfteren, damit du stets sichergehen kannst, ob deine inneren Bilder auch der Wahrheit entsprechen.

Noch einmal im Klartext: Zum einen musst du klare Bilder über deine Erfolgsaussichten haben, zum anderen muss dein Gefühl dem auch zustimmen. Beide Komponenten müssen miteinander im Einklang sein; überprüfe dies hin und wieder.

Es ist wichtig zeitweilig innezuhalten, um die inneren Bilder zu über-prüfen und genauso ins Gefühl einzutauchen, um zu kontrollieren, ob auch der Bauch dem Ganzen noch zustimmt, anstatt planlos in voller Power loszulegen. Wenn du das regelmäßig machst, dann wirst du bestimmt erfolgreich sein.

Noch ein Tipp, wenn du ein bestimmtes Projekt planst, dann ma-terialisiere nicht nur deine Gedanken, sondern manifestiere dieses Gedankengut auch auf einen Gegenstand. Das kann auch wieder ein Ring sein, ein einfacher, ungeschliffener Edelstein, der auf den Tisch gestellt wird oder was ganz anderes. Immer dann, wenn du an den Gegenstand denkst, dann lädst du auf ihn eine gewisse Portion Energie, die sich dann mit entladen wird. Und mal ehrlich, anfäng-lich kann jede Unterstützung nur förderlich sein. Doch letztlich wird deine innere Überzeugung und die Power, die du für dein Projekt einsetzt, mit täglicher zusätzlicher und gedanklicher Unterstützung, erfolgversprechend sein. Probiere es aus.

Der Geldzauber

Ach, was wäre, wenn das liebe Thema Geld nicht immer im Vordergrund stehen würde? Wie oft denken wir an Geld? Wie sieht es mit dir aus: Hast du genug zum Leben oder bist du in ständiger Geldnot? Willst du in Enge oder Freiheit und Lebensfülle leben? Was die Frage soll, willst du nun wissen? Ganz einfach, ich möchte dir hier ein wenig über den Geldfluss und die Möglichkeit, diesen zu steigern, erklären, so dass du zukünftig mit ein paar Gedankentricks zu mehr Geld kommen wirst. Wie? Das liegt nicht daran, wie viel du verdienst, sondern alleine nur daran, wie du mit deinem eigenen Energiefluss umgehst.

Geld steht für die feste Form der Energie und mehr nicht. Betrachte dich selbst und frage dich: Bin ich im energetischen Fluss? Kann ich mich so leben, wie ich mir mein Leben vorstelle? Oder lebe ich mehr nach den Kriterien anderer, anstatt meine eigenen Bedürfnisse in den Vordergrund zu stellen, so wie es eigentlich sein sollte? Denke daran: Je weniger du darauf Acht gibst, wie du mit deinen Energieressourcen umgehst, desto weniger brauchst du dich zu wundern, wenn du eine finanzielle Enge erlebst.

Gerade das Haushalten mit unseren Energien ist das Sinnbild für den Geldfluss, mit dem wir unser Leben gestalten. Dabei geht es bei weitem nicht alleine darum, wie viel Geld wir zur Verfügung haben, sondern vielmehr darum wie wir mit dem, was wir haben, umgehen. Denn Geld, ja, das kann man schnell ausgeben, indem man teuer einkauft oder es sparsam einsetzen, indem man sich ein wenig umsieht und dann das kauft, was man wirklich braucht. Doch gerade das Konsumverhalten in unserer Gesellschaft ist das, was viele als Ebbe im Portmonee bezeichnen würden. Wer ist wann mit was schon zufrieden? Die meisten sind auf der Suche nach mehr und wissen gar nicht, warum das so ist.

Doch je unzufriedener wir mit unserem Leben sind, je weniger wir die Möglichkeiten sehen und auch nutzen, die uns zur Verfügung stehen, desto mehr wollen wir das haben, was wir im Grunde genommen gar nicht gebrauchen können. Es geht dann beim Kauf nicht mehr alleine um das Erwerben eines Gegenstandes, den wir brauchen und somit haben wollen, sondern vielmehr um die Kompensation innerer Verhaltensmuster, mit denen wir uns auseinander setzen sollten.

Gerade dann, wenn wir als Kind nicht die Liebe bekommen haben, nach der wir uns gesehnt haben, dann kann es sein, dass wir dieses innere Manko über eine Art Kaufsucht auszugleichen versuchen. Daran zu denken, dass vielleicht die innere Liebe zu uns selbst, die nur wir selbst uns energetisch geben können, der Schlüssel zu unserem inneren Glücksschloss ist, auf die Idee kommen leider die wenigsten.

Wenn wir also mehr Geld haben wollen, dann müssen wir zuerst einmal lernen mit dem, was wir haben, absolut zufrieden zu sein. Die innere Zufriedenheit ist der Garant, noch mehr zu erreichen.

Der nächste Schritt ist dann die Ordnung, die wir brauchen, um eine klare Perspektive für unser Leben zu bekommen.

Wenn wir Schulden haben, also anderen etwas schulden und dieses Minus auch anerkannt haben, dann müssen wir die offene Rechnung auch begleichen. Auch hier gilt wieder, die Ehrlichkeit zu uns selbst ist die beste Möglichkeit dauerhafte Zufriedenheit zu erlangen. Also nochmals:

Solltest du offene Rechnungen haben, die du auch als solche anerkennst und das ist ganz wichtig, sonst könnte dir jemand einfach etwas auferlegen, was gar nicht zu dir gehört, dann regel die Angelegenheit, auch wenn das unangenehm erscheint. Du kannst nur in einen besseren Geldfluss kommen, wenn du zum Thema Geld kein negatives Gefühl mehr hast.

Sollten Schulden dir zurzeit über den Kopf wachsen, dann musst du für Ordnung sorgen und dich kümmern. Stelle einen Plan auf, was du tun kannst, um den Schuldenberg abzubauen. Je klarer du dir bist, desto besser wirst du wieder schlafen können, sei dir dessen sicher.

Nun gut, du hast aufgeräumt und kannst nun damit beginnen, das Thema Geld als positive Umgangsform der festen Energie zu betrachten.

Hier ein paar Tipps, die dir unterstützend weiterhelfen werden:

- *Betrachte Geld als Gold und somit als etwas Wertvolles, das deinem inneren Wert entspricht. Das heißt, du bist es dir wert, genug Geld zu haben.*

- *Lege einen Schein oder ein Geldstück als Symbol, dass du immer genug Geld haben wirst, in dein Portmonee. Dieses Geld darfst du unter keinen Umständen ausgeben. Es dient dir als Talisman, so dass du sicher sein kannst, immer genug Geld im Portmonee zu haben.*

- *Visualisiere dir einen Berg voller Geld, parke diesen Gedanken in dir und nutze diesen inneren Anblick, damit du weißt, dass dieses Geld immer wieder zu dir kommt.*

- *Sage dir in innerer Überzeugung: ,,Ich werde immer das Geld zum Leben haben, das ich brauche." Nutze dabei aber keine festgelegten imaginären Bilder. Genug zu haben, um locker zu leben, ist das höchste und somit das am leichtesten zu erreichende Ziel, welches wir uns setzen können.*

- *Visualisiere dir deinen inneren Lebensbaum und lehne dich an diesen Baum an. Wenn du nun genauer hinsiehst, dann wirst du erkennen, dass es auch ein Geldbaum ist, der dir hilft, mit deinen Energien entsprechend umzugehen.*

Je länger du in der inneren Überzeugung lebst, immer genug Geld für dein Leben zu haben, desto sicherer wirst du sein können, dich in dem Energie- und auch Geldfluss aufzuhalten, den du dir wünschst. Und das garantiert ein lockeres und leichtes Leben, welches dir neben der alltäglichen Pflichterfüllung ermöglicht, viele andere Themenbereiche zu erleben, da du Energie für andere Ebenen entsprechend einsetzen kannst.

Der immerwährende Jungbrunnen

Wer träumt nicht davon, immer jung zu sein? Was machst du für dich und deinen Körper? Wie siehst du dich? Bist du mit dir zufrieden? Möchtest du wissen, was du tun kannst, um stets strahlend jung zu bleiben, auch wenn deine Haut leichte Alterserscheinungen aufweisen sollte?

„Wir sind immer so alt, wie wir uns fühlen." Diesen Spruch wirst du bestimmt schon oft gehört haben. Doch genau so ist es auch, nur wir alleine bestimmen unseren Alterungsprozess und wenn wir ewig jung bleiben wollen, dann sollten wir uns auch wie ein Jungbrunnen fühlen und dafür sorgen, dass wir uns stets nur Gutes tun.

Solange wir uns mit Sorgen belasten, solange wir grübeln, da wir immer noch meinen, die Welt oder aber auch nur einen bestimmten Partner ändern zu müssen, solange gehen wir uns selbst fremd und belasten uns mit Themen, die nicht unsere eigenen sind.

Somit ist die erste Regel, wenn wir immer jung und strahlend bleiben wollen, dass wir Ärgernissen aus dem Weg gehen sollten. Sich zu ärgern deutet nur daraufhin, dass wir zu starr unser Leben gestalten und uns unsere eigene Lebendigkeit zu wenig erlauben.

Sind wir jedoch stark und selbstbewusst, somit unserer eigenen Stärke bewusst, dann werden wir immer strahlen, sollten auch Lebensfalten unser Gesicht schon älter und auch reifer erscheinen lassen. Das Strahlen bleibt uns bis zum Schluss erhalten und das ist das, was Menschen jung bleiben lässt.

Auch ein junger Mensch, der sich nicht traut, in sein Lebenswerk zu investieren, wird eher langweilig als lebendig wirken. Somit ist die erste Faustregel, um immer jung zu bleiben, ein bewusstes Leben rein für sich selbst zu führen.

Natürlich können wir uns auch mit anderen Menschen einlassen; doch sollten wir dies nur tun, wenn wir es auch wirklich wollen. Uns selbst energetisch zu vergewaltigen, um anderen zu gefallen, ist der beste Weg, in eine Art Stagnation zu flüchten und somit frühzeitig zu altern. Das dürfte bei näherem Betrachten jedem klar werden.

Hier ein paar Tipps, die dir bestimmt weiterhelfen werden, deinen inneren Jungbrunnen wieder entsprechend zu aktivieren:

- *Schaue regelmäßig und stolz in den Spiegel. Du bist dein bester Kritiker und solltest dir zu Hundertprozent gefallen, dann fällst du auch anderen angenehm auf.*

- *Massiere und streichel deinen Körper öfter. Warte nicht auf den Partner, der dies für dich übernehmen soll; du könntest darüber grau werden. Nein, gib dir selbst das, was du dir wünschst und dann ist auch ein Versuch, dem Partner deine Wünsche näher zu bringen, mit Sicherheit eine gute Investition, die sich lohnen wird. Denke daran, so wie du mit dir selbst umgehst, zeigst du deinem Umfeld, wie du behandelt werden willst.*

- *Lebe gesund und gib deinem Körper das, was er braucht. Denn nur ein gesunder Körper kann kraftvoll strahlen. Doch iss auch das, worauf du Appetit hast. Natürlich spreche ich hierbei nicht von Kompensation, um der inneren Depression auch noch Unterstützung zu gewähren. Nein, eine gesunde Seele wohnt in einem gesunden Körper und das wird für alle und vor allen Dingen für dich deutlich sichtbar und spürbar sein.*

- *Trink viel Wasser, damit der Körper Giftstoffe und Belastungen abgeben kann. Gerade wenn du emotionale Probleme hast, kannst du diese ohne weiteres mit Wasser wegspülen. Denke einmal darüber nach, denn du tust dies automatisch, wenn du im Tränenfluss zu ertrinken drohst. Tränen können wir oftmals nicht unterdrücken, da sie uns helfen, uns zu befreien. Danach fühlen wir uns wieder leichter und alles kommt wieder in Fluss. So kannst du auf natürliche Weise von Problemen Abstand nehmen. Probiere es aus!*

- *Wasser ist auch ein tolles Mittel, um sich Gutes zu tun. Wasser erinnert uns an unsere Weiblichkeit, deswegen ist ein wohltuendes Bad immer eine gelungene Abwechslung, um Körper, Seele und Geist ein wenig Streicheleinheiten zu gewähren.*

- *Duschen solltest du so oft wie möglich, aber bitte nur kurz unter dem Wasserstrahl stehen bleiben. Du kannst fast alle Belastungen des Alltags schnell abbrausen. Du wirst dich dann gleich viel frischer fühlen. Solltest du jedoch zu lange duschen, dann könntest du den Schutzmantel deiner Aura zerstören und das wiederum hätte zur Folge, dass du dich schlapp und müde, manchmal sogar ein wenig schwankend fühlst. Du brauchst dann über eine Stunde, um wieder ganz klar und geschützt zu sein. Achte einmal darauf!*

- *Willst du dicke Haare haben, dann spül deine Haare mit Rubinwasser. Wie? Nimm ein normales Trinkglas, fülle etwas Wasser hinein und lege einen kleinen ungeschliffenen und somit rohen Rubin dazu. Nach der nächsten Haarwäsche schüttest du das Wasser, nachdem du vorher den Rubin entfernt hast, über dein Haar. Danach behandelst du dein Haar wie immer. Fülle das Glas erneut, und lege den Rubin wieder hinein, damit du für die nächste Haarwäsche gewappnet bist. Wiederhole dies, so oft du willst, du wirst sehen, es lohnt sich.*

- *Bereite dir doch täglich selbst ein energetisches Getränk zu. Wie? Nimm dir ein frisches Glas und fülle gutes, nicht sprudelndes Wasser hinein. Dann legst du deine rechte Hand auf den Glasrand und wünschst dir Energie in das Glas hinein, zum Beispiel kraftvoll das Leben zu gestalten. Nach kurzer Zeit wirst du spüren, dass es reicht, dann kannst du den Inhalt des Glases mit Genuss trinken. Noch ein Tipp: Ein Rechtshänder wird eher seine rechte Hand nutzen, um Energien fließen zu lassen, ein Linkshänder seine linke.*

- *Mache alles das, was dir gut tut. Trage nur Kleider, in denen du dich wohl fühlst und die du auch tragen willst. Achte auf dich und du wirst merken, wie luftig und gut du dich fühlen wirst.*

Du siehst selbst anhand dieser einfachen Möglichkeiten, was du alles für dich tun kannst. Noch ein Tipp: Früher haben Hexen ihr Leben oftmals über die Kraft der Bäume verlängert. Das kannst du heute auch noch tun. Ich glaube zwar nicht, dass du weit über deine Zeit leben wirst, dafür hättest du viel früher mit solchen Ritualen anfangen müssen, doch lohnen wird es sich immer. Die Übung, wie du dich mit einem Baum verbinden kannst, hast du am Anfang dieses Buches gelesen. Doch schon alleine der tägliche Verbund mit dem inneren Baum wird eine super Wirkung hervorbringen. Sei selbst kreativ.

Die spirituelle Heilung

So wie du deinen Körper jung halten kannst, so kannst du ihm auch Gesundheit geben. Denn ein Körper wird im Grunde genommen nur krank, wenn die Seele dies auch will. Das heißt, wir, die wir uns doch nur Gutes tun wollen, schaden uns selbst, da wir nach Glaubenssätzen leben, die eher schädlich als nützlich für uns sind. Und je mehr wir uns selbst schwächen, desto mehr werden wir uns auch Schaden zufügen und das bedeutet wiederum, dass wir unsere Aura so sehr schädigen, dass wirklich schädliche Einflüsse auf uns einwirken können.

Das heißt im Klartext, sorgen wir für uns und kümmern uns um unsere Lebenserhaltung, dann haben wir eine starke Aura, die uns über alles schützt. Kümmern wir uns aber zu wenig um uns selbst – vernachlässigen unsere Seelenpflege – dann schwächen wir uns und das hat zur Folge, dass unsere Abwehr nicht mehr so funktioniert, wie wir uns das wünschen.

Und irgendwann reißen wir uns ein Loch in unsere Aura, da wir unsere inneren Befehle nicht mehr unter Kontrolle haben. Wir fügen uns selbst Schaden zu und die Verletzung unserer Aura wird immer größer, was dann zur Folge hat, dass wir innerlich ausbluten. Wir verlieren Energie und dadurch werden wir krank. Unsere Aura ist unsere Schutzhülle und wenn wir zu wenig auf uns und unsere Aura achten, dann schädigen wir uns selbst, indem wir uns den Schutz nehmen. Durch die selbst erschaffene Schwäche ziehen wir wiederum Krankheitserreger wie ein Magnet an.

Wir alle wissen, wenn eine Person, die sich in unserer Nähe befindet, ihre Erreger mittels eines Hustenanfalls herausschleudert, dass wir sehr wohl Gefahr laufen, uns anzustecken. Doch nicht grundsätzlich werden auch wir krank, wenn wir mit einem Kranken in Berührung kommen. Nein, zumeist leben wir ganz gut mit unserer eigenen Abwehr und somit sind wir geschützt. Doch sollten wir aus irgendeinem Grund, und sei es nur als Rückzugsmöglichkeit, damit wir uns ein wenig regenerieren können, eine Erkältung brauchen, dann werden wir die Bazillen in uns eindringen lassen und wirklich krank werden. So wie wir es wollen.

Das heißt jetzt aber auch im Klartext, wollen wir leiden, wollen wir Schmerzen erleben, dann tragen wir diesen Aspekt auf der seelischen Ebene eh schon mit uns herum, der dann auf der körperlichen nur noch manifestiert wird.

Wenn wir uns also heilen wollen, dann müssen wir zuerst mit unserer inneren Einstellung zu unserem Körper und auch zu unserem Leben anfangen, anders geht es nicht. Schon alleine Angst zu haben vor eventuell auftretenden körperlichen Krankheiten ist der Garant, sie auch irgendwann zumindest ansatzweise zu bekommen.

Nur wir selbst bestimmen, inwieweit eine Krankheit uns schaden kann, denn ein Körper regeneriert sich selbst und weiß am besten, was er tun kann, um wieder gesund zu werden. Wenn wir für unseren

Körper etwas tun wollen, dann können wir das nur, wenn wir auch an uns glauben und positiv mit uns umgehen.

Hier ein paar Tipps, um die Abwehr zu stärken und unseren Körper wieder gesunden zu lassen:

* *Achte auf deine Nahrung. Dein Körper braucht bestimmte Stoffe, die er nur mit der Nahrung zugeführt bekommen kann, also erfülle dir den Wunsch. Du wirst genau spüren, was er braucht, gib es ihm bitte. Er wird es dir danken.*

* *Trinke viel Wasser. Mache dir regelmäßig einen Gesundheitstrunk, genauso wie eben beschrieben. Fülle das Wasser mit Gedanken einer kraftvollen Gesundheit und trinke es in Liebe aus.*

* *Liebe deinen Körper. Die Liebe ist der stärkste Garant für ein erfülltes Leben mit einem gesunden Körper.*

* *Überprüfe immer, was du deinem Körper zumuten kannst. Gehe niemals über deine Energiegrenzen; du weißt am besten, was du vertragen kannst. Lass lieber mal was stehen. Aber beweg dich bitte auch genug!*

* *Erwarte niemals, dass ein anderer für dich das tut, was du selbst tun solltest. Tue es direkt, warte nicht. Das energetische Antreiben anderer Personen ist das Ungesündeste, was wir tun können.*

* *Wenn du Schmerzen hast, deren Ursache du schon kennst, dann mildere diese Schmerzen mit Hilfe von Wasser. Nimm dazu ein frisches Leinentuch und befeuchte dieses mit lauwarmem Wasser. Lege das Leinentuch dann auf die schmerzhafte Stelle und stelle*

dir nun vor, dass der Schmerz in das Tuch hineingeht. Du wirst merken, dass das funktioniert. Wechsel das Leinentuch rasch, lege es beiseite und nimm ein neu befeuchtetes Tuch, solange du es brauchst. Später werden die Tücher bei der nächsten Wäsche in der Waschmaschine von dem aufgeladenen Schmerz wieder befreit.

- *Wenn du Migräne hast, dann erweitere bitte deine inneren Bilder. Der Kopf, die Gefäße verengen sich, da du in viel zu engen Bildern und Mustern lebst. Schaffe dir nun Bilder der Weite, eine weite Landschaft oder ähnliches. Vermeide es unter allen Umständen, weiterhin über Probleme zu grübeln. Du wirst sehen, es wird dir bald besser gehen. Doch nicht nur, wenn du den Schmerz spürst, solltest du so verfahren, nimm dir jeden Tag mindestens fünf Minuten oder mehrmals am Tag mehrere Minuten Zeit, deine inneren Bilder zu überprüfen und du wirst merken, dass du lockerer und leichter mit deinem Leben verfahren kannst. Und irgendwann brauchst du keine Migräne mehr. Probiere es doch einfach mal aus.*

Alle diese Gedanken und Übungen machst du bitte nur, wenn du dir vertrauen kannst, denn nur, wenn du an dich und deine inneren Heilkräfte glaubst, werden sich diese entsprechend aktivieren lassen. Und denke bitte daran, körperliche Aspekte solltest du immer von einem Arzt untersuchen lassen, damit du wenigstens weißt, was dein Körper dir sagen möchte und vor allen Dingen, was er braucht.

Die Magie der Träume

Was sind Träume? Wir alle träumen jede Nacht – am intensivsten wenn wir uns in der REM-Phase befinden – um die Erlebnisse des Alltags zu bewältigen. Im Realitätsbewusstsein sind wir zumeist nicht in der Lage, all das, was wir erleben, direkt zu bewältigen. Deshalb holen wir dies zumindest in Teilen nach, wenn wir tief und fest schlafen. Doch nicht nur unsere Seele braucht den Schlaf, nein, auch gerade unser Körper braucht die entspannte Nachtruhe, damit er sich erholen und regenerieren kann.

Das ist die eine Seite, andererseits haben wir aber auch Tagträume, die uns bewusst in andere „Welten" gleiten lassen. So gibt es viele Menschen, die, während sie sorgfältig ihrer Arbeit nachgehen, auch gleichzeitig vor sich hin träumen, um dem Alltag ein wenig zu ent-fliehen. Warum? Ganz einfach: Hätten wir nicht diese wundervolle Möglichkeit, unser Leben in Träumen zu erleben, dann würden wir uns in unserem Leben verhärten. Wir würden uns dann nur mit dem Realitätsgeschehen auseinander setzen und unsere Wünsche ver-gessen. Denn gerade Träume lassen uns von der Realität ein wenig Abstand nehmen und auf Ebenen zubewegen, die Lebendigkeit in unser Leben bringen.

Im Grunde genommen träumen wir unser Leben vor. Sei es, dass wir gemütlich auf unserer Couch liegen und uns vorstellen, wie unser Leben aussehen soll. Oder dass wir uns auf ein wichtiges Gespräch am nächsten Tag vorbereiten. Wir können uns all das erträumen, was wir uns vorstellen wollen.

Doch nicht nur Luftschlösser sollten unsere bewussten Träume bestimmen. Nein, gerade realitätsbezogene Aspekte, die zwar momentan noch nicht direkt greifbar in unserer Nähe liegen, sind Themen, mit denen wir uns spielerisch auseinander setzen sollten. Gerade wenn wir uns in einem bewussten Tagtraum vorstellen, wie es sich für uns anfühlen würde, wenn..., werden wir sicherer wissen, ob dieser Weg der richtige für uns ist. Somit können wir mit unserem Leben viel einfacher umgehen, wir sind dann für fast alles gewappnet.

Jedoch sollten wir beispielsweise andere Personen nicht nach unserer eigenen Vorstellung formen wollen, wie es uns in den Kram passt. Denn dann würden wir uns selbst belügen und irgendwann enttäuscht zurückziehen. Je mehr wir in andere hineininterpretieren, desto eher laufen wir Gefahr, von der Realität einen zu großen Abstand zu nehmen. Wir denken dann, dass der andere so ist, wie wir ihn in unseren Träumen sehen wollen und vergessen die Realität.

Oftmals stehen wir dann fassungslos vor einem Scherbenhaufen und verstehen nicht, warum der andere nicht so handelt, wie wir denken, dass er handeln müsste. Auch unterstützende Gespräche mit anderen Personen, die unsere eigene Meinung verstärken sollen, werden nichts nützen. Solange wir nicht die Wahrheit sehen wollen, werden wir zu keinem guten Ergebnis kommen.

Doch nicht nur schöne Träume begleiten uns. Nein, abschweifende Fantasien wie beispielsweise das angebliche Fremdgehen unseres

Partners, machen uns das Leben schwer, wenn wir meinen, dass dies wirklich so sei.

Denn eins ist sicher, der Fantasie der Menschen sind keine Grenzen gesetzt. Und so passiert es nicht selten, dass wir mit absoluter Überzeugung unseren inneren Bildern Glauben schenken, da wir meinen, den passenden Schlüssel zu unseren eigenen Negativträumen gefunden zu haben und entsprechend unserer inneren Wahrnehmung werden wir unserem Umfeld begegnen.

Deswegen ist es einerseits wichtig, wenn wir Themenbereiche in Tagträumen durchleuchten, aber andererseits ist diese Vorgehensweise auch mit Vorsicht zu genießen, wenn wir – oder besser gesagt ein Persönlichkeitsanteil in uns – dazu neigt, Lebensbereiche als zu schwer anzusehen und darüber zu grübeln. Im Endeffekt würden wir uns somit immer wieder das Leben schwerer machen als es überhaupt notwendig ist, ohne zu wissen, warum das so passiert. Denn eins ist klar, alles das, was wir erleben, das können wir auch meistern, sonst würde es uns nicht auf unserem Lebensweg begegnen.

Doch was sind Tagträume? Diese Art der inneren Kommunikation ist bei jedem unterschiedlich ausgeprägt, ganz so, wie wir es brauchen. Zumeist melden sich über Träume bestimmte Teilpersönlichkeiten in uns, die ansonsten im Realitätsbewusstsein zu wenig zu Wort kommen. Nun ist ihre große Chance gekommen und dann kann es sein, dass uns beispielsweise Eifersuchtsbilder verfolgen, weil ein inneres Teil uns nur mitteilen will, dass es auf andere Energieanteile in uns eifersüchtig wacht, da wir nur bestimmte Teilaspekte von uns wahrnehmen wollen und andere wiederum regelmäßig verdrängen.

Somit sollten wir stets überprüfen, welche Wahrheit sich in uns wie bemerkbar macht. Deswegen solltest du dunkle Gedanken und

Träume gar nicht ausschweifend an dich herankommen lassen. Überprüfe jedoch, warum dir das passiert und schaue dir das dahinter liegende Thema genauer an, damit du erkennen kannst, worum es dir wirklich geht.

Doch auch in der Magie sind träumerisch gestaltete Bilder enorm wichtig, damit wir überhaupt erfolgreich zaubern können. Denn je klarer wir uns eine Sache immer wieder spielerisch vor Augen führen, desto eher werden sich unsere Wünsche auch manifestieren können. Das ist eine Grundregel, die auch das positive Denken beschreibt. Im Klartext: Je öfter wir uns bestimmte Bilder genau visualisieren, desto besser für uns.

Hier ein paar Tipps, die, wenn du sie regelmäßig anwendest, mit Sicherheit zum Erfolg führen werden:

- *Visualisiere dir ein schönes Leben. Das heißt, betrachte dich regelmäßig aus einer träumerischen Sichtweise heraus und sieh dich in hellem Licht lachen und glücklich strahlen.*

- *Wenn du einen Partner hast, dann sehe dich und deinen Partner immer wieder in hellem Licht gemeinsam und glücklich in Liebe strahlen. (Die meisten machen das umgekehrt und je mehr wir über den Partner meckern, desto dunkler wird die Beziehung!)*

- *Siehe das Thema Geld – also deinen Energiefluss – in hellem Licht, so dass du weißt, du wirst immer genug Geld zur Verfügung haben.*

- *Visualisiere dir deine Zukunft. Wo willst du in diesem Leben hin? Überprüfe träumerisch sämtliche Möglichkeiten, die dir einfallen. Je länger du eine Perspektive träumerisch durchleuchtest, desto besser für dich und desto eher werden sich deine Träume auch realisieren lassen.*

- *Sieh dich und deine Mitmenschen, mit denen du direkt zu tun hast, immer friedlich und freundlich miteinander umgehen.*

- *Schenke deinem Arbeitsplatz, deinem Büro, deiner Firma viel Lichtenergie und denke nach Möglichkeit nur mit Freude an die Arbeit (heutzutage sind viele Menschen mit ihrer Arbeit unzufrieden, was dann auch die Arbeitsplätze selbst und die Firma verdunkeln lässt).*

- *Denke einmal zurück an deine Kindheit und stelle dir auch da nur Lichtenergie vor. Es nützt keinem etwas, wenn du ein Leben lang mit deiner Kindheit haderst. Das heißt aber nicht, dass du Verhaltensmuster, die du damals angenommen hast und heute noch nachlebst, einfach beiseitelegen solltest. Bearbeite diese, damit du dich befreien kannst.*

- *Denke stets nur positiv. Begegne deinen Mitmenschen nur freundlich und du wirst sehen, wie einfach das Leben sein kann.*

Die getrennte Verbindung

Du kennst das bestimmt, du hast dich mit einem anderen Menschen gestritten, willst Abstand nehmen und trotzdem spukt dir diese Person immer wieder im Kopf herum. Dringend möchtest du dich von dem Streitgedanken lösen, doch wie Pech klebt die Energie an dir und du meinst nichts tun zu können, um dieser Unruhe zu entgehen. Wie so etwas passiert?

Um dieses doch so häufig anzutreffende Verhaltensmuster besser begreifen zu können, müssen wir uns noch einmal kurz mit unseren Teilenergien auseinander setzen. Wir bestehen nicht aus einem Ganzen sondern aus mehreren Teilpersönlichkeiten, die alle etwas zu sagen haben und auf der großen Showbühne unseres Seins mitsprechen wollen. Da wir aber nicht allen gerecht werden können, kommen manche Teile/Stimmen in uns nur zu Wort, wenn sie sich in unser Blickfeld drängen können.

Wie das passiert? Ganz einfach, wir begegnen anderen Menschen, die genauso wie wir selbst unbewusste Anteile in sich tragen und die auch den Wunsch haben, gesehen zu werden. Nun treffen wir auf eine andere Person und unser Schattenanteil erkennt, dass auch diese Person einen ähnlich unbewusst gelebten Anteil in sich trägt und symbolisch gesehen treffen diese bis dato fremden Anteile aufeinander, erkennen und verbinden sich. Somit rutscht die andere Person beziehungsweise der ungeliebte Anteil in dieser Person in unser Sichtfeld. Wir erkennen auf einmal eine Ähnlichkeit mit dem anderen, die uns natürlich auch wieder zurückschrecken lässt, da wir dieses Verhaltensmuster in uns selbst nicht annehmen wollen. Und so werden wir mit unliebsamen Themen in uns konfrontiert, die wir selbst bewusst nicht wahrhaben wollen.

Viele suchen die Ursache der nun auftretenden inneren Unruhe zumeist nicht in sich selbst, sondern im Spiegelbild der außenstehenden Person, wo sie dann auch oftmals fündig werden. Sie fühlen sich innerlich so stark an ihre eigenen Strukturen angekettet, dass sie versuchen werden, den anderen im Außen zu verändern, wobei sie dabei nicht wirklich etwas ausrichten können.

Wir versuchen nun, uns den anderen aus dem Kopf zu schlagen, was aber nicht so ganz einfach ist. Warum nicht? Der Schattenanteil, welcher in uns kaum zu Wort kommen darf, wird nun alles dafür tun, damit wir ihn wahrnehmen und erkennen lernen. Somit spukt nicht die andere Person in unserem Kopf herum, sondern nur unser eigener Schattenanteil, der mit dem Schattenanteil der anderen Person verbunden ist, um uns an seine Existenz zu erinnern.

Würden wir nun verstehen, dass wir in einem solchen Fall nur innerlich betroffen sind und uns fragen, was uns denn nun wirklich getroffen hat, dann würden wir sehr schnell erkennen, dass wir einen unbewussten Schattenanteil in uns tragen, welcher sich über das äußere Szenario nur bemerkbar machen möchte. Wie einfach wäre es dann, diesen Teil verstehen zu lernen, ihn zu bearbeiten, ihm neue Aufgaben zuteilwerden zu lassen und ihn somit in unser inneres Ordnungssystem zu integrieren, da wo er hingehört, um wieder Ruhe zu finden. Doch was machen die meisten? Sie fangen an, den anderen im Außen zu bekämpfen, damit sie wieder ihre vermeintliche Ruhe finden. Doch so funktioniert das System eben nicht.

Nun ein paar Tipps, wie du dich am schnellsten wieder lösen kannst. Doch denke bitte daran, jede Verbindung ist die beste Chance, sich selbst zu erkennen, wenn du dich hinterfragst: Was stört mich? Was passiert hier mit mir? Was fühle ich? Du wirst bestimmt Antworten finden, die dir wieder Klarheit über deine eigenen Teilenergien bringen werden.

- *Stelle dir die Person, mit der du Streit hast, so deutlich wie möglich vor. Dann schalte eine Art Lichtdusche an und stelle dein Gegenüber darunter, um es abzuduschen. Danach duschst du auch dich selbst unter der Lichtdusche. Du wirst merken, die negativen Gedanken an die andere Person verschwinden genauso schnell, wie sie gekommen sind.*

- *Eine andere Übung: Stelle dich und die andere Person imaginär gegenüber. Nun schaltest du eine Art Lampe an, die dir die Energieverbindungsstränge, die euch beide verbinden, deutlich zeigen wird. Nun nimmst du gedanklich ein Schwert und durchtrennst die Energieverbindung. Die Verbindungsenden fallen dann automatisch ab. Ihr seid nun getrennt, und müsst euch erneut fest verbinden, um dieselbe Intensität wiederzuerlangen.*

- *Stelle dich unter eine normale Dusche, reinige dich und deine Aura und stelle dir dabei vor, dass alle belastenden Energieverbindungen automatisch mit abgespült werden. Wiederhole diesen Vorgang gedanklich, gerade dann, wenn dir die andere*

Person wieder im Kopf herum spukt, indem du einfach kurz deine Hände unter Wasser hälst.

- *Nimm dir ein Glas Wasser und lade das Wasser bewusst energetisch mit den Gedanken auf, dass du dich von der anderen Person lösen wirst. Nutze die Kraft deiner Gedanken und du wirst sehen, es funktioniert.*

- *Vermeide es zukünftig, intensiv an die andere Person zu denken. Sollten sich die Gedanken trotzdem manifestieren, dann reagiere schnell und schalte auf eine andere Frequenz um. Wie? Stell dir ein altes Radio vor, bei dem du von einem Sender auf den anderen umschalten musst, genauso kannst du auch deine Gedanken umschalten. Probiere es aus.*

- *Stelle dir die andere Person vor und lege gedanklich einen Rahmen um die Person. Damit ist die Person gefangen und kann energetisch nichts mehr ausrichten. Nun stellst du dir vor, dass du die Farbe aus dem Bild nimmst, danach verkleinerst du das Bild, bis es kaum noch da ist. Den kleinen Rest, der übrig geblieben ist, den kannst du in den Kosmos pusten, so dass sich das Thema komplett auflöst.*

Du siehst selbst, es gibt viele Möglichkeiten – und dies ist nur ein kleiner Ausschnitt, aus dem du frei wählen kannst. Nutze das, was dir einfällt. Doch der einfachste Tipp ist einfach der, dass du niemals zu intensiv an eine Person, mit der du energetisch im Klinsch liegst, denken darfst. Den anderen verstehen zu wollen, warum dieser so oder so funktioniert, wird dich selbst niemals weiterbringen können, dessen kannst du dir sicher sein. Also räum in deinem Inneren auf, lass den anderen so, wie er ist, und freue dich deines Lebens.

Der Spiegel

Gehen wir noch tiefer in die Thematik hinein und fragen: Was tust du, wenn du energetisch verfolgt wirst? Noch einmal den Blick auf das Grundthema gerichtet: Du hast dich mit einer anderen Person energetisch verstrickt und weißt nun nicht mehr, wie du dich lösen kannst. Woher solche Verbindungen kommen, was du tun kannst, all das hast du im vorherigen Kapitel schon gelesen.

Doch was tust du, wenn du spontan Hilfe brauchst, damit du wieder freikommst, da ein anderer ein leichtes Spinnennetz über dich geworfen hat? Denn Tatsache ist, es gibt Energieräuber, die sich an den Energien anderer laben wollen. Und diese Menschen nutzen bestimmte Mechanismen, um sich ihre Opfer gefügig zu machen. Doch zuallererst brauchen sie einen Zugang zu ihren Opfern, damit sie überhaupt an sie herankommen. Eine gute Möglichkeit sind Absprachen, denn dabei müssen beide etwas geben und auch nehmen, das ist der Deal.

Doch halten sogenannte Energieräuber in den meisten Fällen ihre Absprachen nicht ein, sondern nehmen nur und tun so, als würden sie geben, was aber nicht stimmt. Merkt der andere das Ungleichgewicht und will dem Energieräuber auf die Schliche kommen und Energien einfordern, den anderen somit in die Verbindlichkeit bringen, dann wird er mit Sicherheit geschickt getäuscht werden und sich weiterhin gebunden fühlen. Denn der Energieräuber ist es gewohnt und wird weiterhin seine beliebten und auch erfolgreichen Fallen aufstellen.

Auch ist es eine beliebte Taktik von ihnen, den Spieß umzudrehen und dem anderen einen Spiegel vorzuhalten, damit dieser wieder mit sich selbst und seinem altgewohnten Schmerz beschäftigt ist. Der Energiespender wird dann höchstwahrscheinlich nicht auf die aktuelle Situation blicken und die Machenschaften des Energieräubers vergessen. Somit ist auch deutlich sichtbar, dass die Opfer von Energieräubern Menschen sind, die sich schon sehr lange anderen zur Verfügung stellen und ihre eigenen Grenzen immer noch nicht gesetzt haben.

Die Frage stellt sich nun aber auch: Was sind Energieräuber und woran erkenne ich sie? Die Antwort ist einfach. Hierbei handelt es sich um Menschen, die sich über andere nähren, da sie sich selbst zu wenig Nahrung geben. Sie brauchen die Energie und Aufmerksamkeit der anderen, um sich nähren und somit groß darstellen zu können. Schauen wir uns das genauer an: Menschen, die sich rein in ihrer Energie leben, sind deutlich als Persönlichkeit spürbar und auch greifbar. Diese Menschen leben sich in vollem Bewusstsein.

Wiederum sind Menschen, die sich eher gegen sich stellen, Energieräuber, da sie selbst sehr spärlich mit ihren Energien umgehen, und von daher Energien anderer brauchen. Und die Menschen, die sich wiederum von Energieräubern aussaugen lassen, sind Personen, die wenig auf sich selbst Acht geben. Man könnte dieses Phänomen des Energieraubes mit dem Raub von Geld gleichsetzen. Es gibt Diebe, die sich selbstverständlich über das Geld anderer bereichern, da sie meinen, diese Handlung einfach vollziehen zu dürfen, ohne etwas zurückgeben zu müssen. Die wenigsten Diebe besitzen Skrupel vor dem, was sie tun. Sie nutzen die Gelegenheit, um sich an dem Gut anderer zu bereichern, ohne Rücksicht auf Verluste. Und genauso ist es mit Energieräubern; die erkennen nur, der andere hat genug Energie und sie greifen genüsslich und selbstverständlich zu. Diese Menschen besitzen keine Skrupel!

Woher das wieder kommt? Wenn wir dazu noch einmal einen Blick in die Kindheit werfen, erkennen wir Eltern, die ihre Kinder schwer loslassen können und sie als Gegenleistung des treuen Daseins enorm lange mit ernähren. Die Eltern sorgen und sorgen und sind selbst nur noch Haut und Knochen, da sie weit über ihre Energiegrenzen hinausgehen. Ja, und die Kinder, die sehen mit der Zeit gar nicht mehr die Notwendigkeit, sich selbst zu ernähren, da sie doch so gut gefüttert werden. Und wenn diese Kinder dann im Erwachsenenalter immer noch nicht aus dem Nest geschmissen wurden, dann suchen sie sich neue Mütter, über die sie sich nähren können, und das auch oftmals über die Grenzen dieser Personen hinweg.

Somit sind Räuber, Diebe und auch Energieräuber allgemein betrachtet Menschen, die sich mit einer Selbstverständlichkeit an anderen laben, da sie sich grundsätzlich auf die Mutterschiene ihres Opfers platzieren, um es auszusaugen. Spricht man sie auf ihr Verhalten hin an, ist es typisch für sie, dass sie ihre Handlungen bewusst verneinen. Sie drehen den Spieß sogar gerne um und meinen dann, selbst den fürsorglichen Versorger zu spielen. Egal, welche Beweise man ihnen dann auch vorlegen mag, im Inneren wissen sie um ihre eigene Faulheit, sich selbst zu kümmern.

Doch hat diese Facette auch Schattenseiten: Da sie sich gut wie ein kleines Kind verstecken können, ist es manchmal für sie schwer, von anderen Erwachsenen für voll genommen zu werden. Doch genau das wiederum wollen sie. Sie wollen zur vollwertigen Gesellschaft zählen. Nur leider tut das kaum einer. Von daher können wir davon ausgehen, dass wirkliche Energieräuber, die nicht bereit sind an sich zu arbeiten, nicht erwachsen werden wollen, was aber auch für jedermann sichtbar ist – vorausgesetzt man will hinsehen.

So viel zu diesem Thema, doch was machst du speziell, wenn du einem Energieräuber auferlegen bist? Zuallererst solltest du einmal darüber nachdenken, warum du dir selbst zu wenig Fürsorge und Nahrung gibst, so dass sich ein Schmarotzer an deine Fersen kleben konnte. Der nächste Schritt ist nun aus dem Vampirismus herauszugehen, in die eigene Freiheit und Freiwilligkeit.

Denn eins ist sicher, solltest du dieses Muster nicht ablegen wollen, dann wirst du demnächst wieder Opfer eines Energieräubers werden. Also was tust du? Du schenkst dir selbst viel mehr Beachtung und Aufmerksamkeit, du betrachtest dich als den wichtigsten Menschen im eigenen Leben; du musst jedoch auch aus der Situation lernen, auch dann noch, wenn der innere und äußere Druck durch die innere Wandlung erst einmal von dir gewichen ist.

Nun zu Lösungstipps, um sich eines Schmarotzers zu entledigen: Denke zuallererst immer daran, dass diese Person sich vorher in dir platzieren – also ein Stück manifestieren – musste. Also solltest du zuerst überprüfen, wie das funktionieren konnte.

Zumeist geht es hierbei um energetische Verträge; Versprechen, die zwischen den beiden Parteien gegeben wurden und auf die sich beide nun berufen. Nehmen wir dazu das Beispiel Partnerschaft: Beide haben sich versprochen, zusammen zu bleiben, ja, vielleicht sogar gemeinsame Vorhaben zu bewältigen. Und nun will der eine nicht die Verantwortung für seine Aufgaben, denen er sich ursprünglich stellen wollte, übernehmen.

Was wird dann der andere machen, der sich nun auch vielleicht sogar gegenüber Dritten verpflichtet fühlt? Er wird sich für den anderen, seinen Partner, der sich nicht an seine Versprechen gebunden fühlt, mit verpflichtet fühlen und somit die Verantwortung für den Unverantwortlichen mit übernehmen. Somit ist er doppelt belastet und das auch noch zumeist gegenüber dritten.

Lange Zeit wird er es vielleicht nicht merken, da seine Energie kraftvoll genug ist. Doch eines Tages, da kommt der Zeitpunkt und es wird ihm bewusst. Was kann er dann tun? Er muss sich lösen und dem anderen, seinem Partner, die Verantwortung, die diesem auch gehört, wieder übergeben. Das heißt aber auch, dass er sich aus der alleinigen Verpflichtung lösen muss, anders geht es nicht. Denn jeder sollte für das, was zu ihm gehört, geradestehen.

Es gibt keinen Menschen, der das nicht schaffen könnte. Es gibt nur Personen, die denken, dass der andere zu schwach sei, für sich selbst zu sorgen, und sich die Aufgabe geben, Verantwortung für den anderen, den vermeintlich Schwächeren, zu übernehmen. Doch damit begeben sie sich in eine direkte Abhängigkeit, nur um dem anderen zu helfen, der wiederum so aber niemals lernen kann, seine eigene Verantwortung zu tragen.

Doch irgendwann bricht auch dieses Muster zusammen, da keiner die Last eines anderen dauerhaft mittragen kann und dann muss er das zurückgeben, was er sich einst selbst auferlegt hat. Der andere wird die Rückgabe der Verantwortung deutlich zu spüren bekommen und sich wahrscheinlich anfänglich ein wenig lösen. Denn auch er spürt auf einmal eine Verantwortung, die er so gar nicht haben wollte. Und damit er weiterhin den unangenehmen Seiten seines Lebens entfliehen kann, wird er sich gegen seinen Partner, den nun anerkannten Schmerzbringer, auflehnen, da er das, was er nun übernehmen soll, gar nicht haben will.

Er seinerseits wird den Partner als Überbringer von unangenehmen Problemen erkennen und sich der ihm auferlegten Last zur Wehr setzen. Denn nun soll er etwas tun, was er gar nicht will. Dass es nur alleine um seine eigenen Verträge geht, die er nun auch einhalten soll, das wird er nicht sehen wollen. Und so gibt es zumeist ein unheimliches Gerangel um Energien, die sehr wohl einer Ordnung bedürfen.

Nun noch einmal die Frage: Wie kann ich mich sehr schnell von solch einer Energieverstrickung lösen? Antwort: Durch den magischen Spiegel. Ein Energievampir nährt sich über deine Energien und hält somit an der Verbindung, die du zu ihm offen hältst, fest. Bekommt er einen Spiegel vorgehalten, dann sieht er sich selbst, was er aber nicht sehen will. Somit schreckt er zurück und wird erst einmal abrupt loslassen. Auf der einen Seite ist in dem Moment die Energieverbindung zu dir unterbrochen und auf der anderen Seite muss er sich selbst ansehen.

Beide Komponenten zusammen bringen den gewünschten Erfolg. Wie? Stelle dir einen großen Spiegel vor und halte diesen gedanklich der Person so entgegen, dass diese Person sich selbst sieht. Du schaust in dem Moment auf die Rückseite des Spiegels. Durch diese Energieunterbrechung wirst du erst einmal Ruhe haben. Solltest du den Energievampir erneut sehr stark an deiner Seite spüren, dann kannst du das Ganze solange wiederholen, bis du ihn nicht mehr spürst. Du wirst merken, mit der Zeit löst sich das Szenario komplett auf.

Doch nicht nur den Spiegel auf der einen Seite, also dem Energievampir entgegen zu halten, wird Erfolg bringen. Wenn du dein eigenes Spiegelbild, also die Struktur, die dieses Spielfeld zugelassen hat, erkennen willst, dann betrachte bei der Übung nicht nur die Rückseite, sondern stelle dir gleichzeitig vor, in einen anderen Spiegel zu blicken, damit du erkennst, wer du wirklich bist. Gedanklich musst du dir allerdings für diese Übung zwei Spiegel vorstellen, die aneinandergeklebt sind, damit keine weitere Energieübertragung stattfinden kann.

Doch am Sinnvollsten ist es eh, wenn du ab und zu dein Spiegelbild genau betrachtest und dich auch ehrlich bewertest, dir all das anschaust, was es zu bewerten gibt. Denke daran, die Ehrlichkeit zu uns selbst ist das höchste Gut, was wir haben können, um uns in unserem Leben zurechtzufinden. Denn auch ein Energievampir ist nur einer geworden, da er unehrlich auf die Energien der anderen hofft, ohne an seine eigenen Reserven zu denken.

Eine weitere Übung ist die, dass du die Energieverbindung zu dem Energieräuber durchtrennst. Dafür nimmst du dir gedanklich ein Schwert und durchtrennst die Energiestränge, die sich verbunden haben. Danach stellst du dich gedanklich unter eine Lichtdusche, dein Gegenüber auch und stellst dir vor, dass alle Belastungen, die du durch diese Verbindung erlebt hast, abfallen. Es nützt nichts, im Schmerz stehenzubleiben, denn gerade darüber verbindest du dich erneut. Also löse dich, solange du dies brauchst.

Nach einer Trennung solltest du mindestens die nächsten sieben Wochen dreimal am Tag unter einer Lichtdusche stehen und deine Aura reinigen. Diesen Prozess verstärkst du am besten, wenn du auch ab und zu eine wirkliche Dusche nimmst und dir vorstellst, dass das Wasser auch alle Belastungen aus der Aura nimmt. Beim Abrubbeln der Haut stellst du dir dann vor, dass du mit einer gestärkten Aura in den Tag gehst. Probiere es aus. Viel Erfolg.

Die Verbindungstrennung

Wie lösen wir uns aus einer festgeschlossenen Ehe? Die Antwort müsste nun „durch Scheidung" lauten. Doch was ist eine Scheidung und wie scheiden sich die Wege von zwei Menschen, die sich einst in tiefer Gemeinschaft verbunden haben? Wie lösen wir uns aus einer tief verbundenen Verabredung? Viele lösen sich über Wut, ausgelöst durch den anderen, die letztlich aber nur mit uns selbst zu tun hat. Denn Wut ist alleine nur in uns auffindbar und hat somit auch nur rein mit uns selbst zu tun.

Gerade wenn wir uns Ehescheidungen ansehen, die Ewigkeiten brauchen bis eine Einigung gefunden wird, wird uns nur allzu deutlich vor Augen geführt, dass hier zwei Menschen versuchen, sich gegenseitig Steine in den Weg zu legen. Meist aus Frust heraus, da die Hoffnungen, die jeder in den gemeinsamen Weg gelegt hat, nicht aufgegangen sind.

Gerade dann, wenn wir uns wünschen, durch unseren Partner eine Art Heilung zu erfahren, ist die bittere Wahrheit, dass er uns gar nicht heilen kann, oftmals so schmerzvoll, dass wir es ihm heimzahlen wollen. Immerhin hat der dann aus unserer Perspektive betrachtet all die Investitionen, die wir in die Partnerschaft gelegt haben, nicht sehen können und auch nicht wahrhaben wollen. So und nicht anders finden wir immer wieder gekränkte Partner, die sich mehr hassen als lieben. Doch dabei ist es nur allzu offensichtlich, dass diese Menschen emotional noch sehr aneinander gebunden sind.

Gerade der eigene Zwiespalt ist das, was die Beziehung nicht so einfach trennbar macht. Der Kampf um den Partner ist der Kampf um uns selbst. Die Wut über die investierte Kraft ist nur die Wut auf uns selbst, dass wir nicht weiterkommen, wenn wir in ein Projekt investieren, welches uns keinen Gewinn erwirtschaften kann.

So nüchtern und nicht anders kann man manchmal eine Partnerschaft betrachten, um einen klareren Überblick zu erhalten, warum die Partner sich eigentlich streiten.

Was können wir nun mit dem Partner tun, sollten wir erkannt haben, dass wir nur um unseren eigenen Schmerz trauern? Zuerst einmal wirklich trauern, denn dafür müssen wir uns nicht schämen. Es ist allemal besser, Tränen dann fließen zu lassen, wenn sie kommen wollen, damit sich kein emotionaler Stau bilden kann. Denn was nützt es, wenn wir stets die Zähne zusammen beißen, um durchzuhalten und uns nach Jahren der nicht verarbeitete Schmerz erneut einzuholen droht?

Erst wenn wir uns erlauben, genau hinzusehen, vielleicht sogar eine Auszeit zu nehmen, frisch durchzuatmen, wieder mehr die schönen Dinge des Lebens zu betrachten, erst dann können wir auch von unserem Partner ablassen und uns wieder mehr auf uns selbst besinnen. Denn nun ist es dringend an der Zeit, dass wir wieder unseren Lebensweg beschreiten und das manchmal fern von dem Menschen, mit dem wir längere Zeit einen Weg gemeinsam gegangen sind.

Der vergangene Partner wiederum muss die gleiche Erkenntnis aber nicht gemacht haben und kann nun seinerseits versuchen, weiterhin an unsere Energie zu kommen, da er der Meinung ist, seine Wut über uns abladen zu dürfen. Was machen wir dann? Zuerst einmal musst du dich energetisch reinigen. Die Übung mit dem Spiegel und der Dusche wird eine wirkliche Hilfe darstellen. Doch Verbindungen, die bewusst geschlossen wurden, die brauchen etwas mehr Übung, um gelöst zu werden.

Hier ein paar Tipps:

- *Solltest du dich in einer festen Partnerschaft verbunden haben, dann schau dir das gemeinsam abgegebene Versprechen an. Du solltest dich davon wieder lösen. Was der Partner seinerseits macht, ist seine Sache, Hauptsache du befreist dich.*

- *Du kannst dich jederzeit von allen Versprechen entbinden. Du musst es dir nur sagen, dann bist du frei. Solltest du der Meinung sein, diese Übung reicht noch nicht aus, dann schreibe deine Versprechen auf und verbrenne danach das Papier mit dem Vorsatz, dich davon zu entbinden.*

- *Hole dir deine Freiheit wieder, denn diese steht dir zu. Verzeihe dir und deinem Partner und reinige die Energien, damit sich keine Wutpartikel in deiner Aura ablagern können. Denn Wut verdunkelt und kann keinen Frieden bringen.*

- *Nimm dir einen Gegenstand, den du von deinem Ex-Partner hast und zerstöre ihn mit dem Gedanken, der Vergangenheit ein Ende zu setzen.*

- *Setze dir Bilder der Freude und gestatte auch deiner inneren Venus/der Geliebten, erneut auf Partnersuche zu gehen. Heutzutage trennen sich schon mal die Wege zweier Menschen, die sich einst verbunden hatten. Wenn man den Hintergrund versteht und aus der Beziehung gelernt hat, dann sollte man sich das Glück der Liebe nicht verwehren.*

- *Solltest du verheiratet sein und dich trennen wollen, dann gehe noch einmal gedanklich zum Standesamt, warte bis der Beamte dich fragt, verneine diesmal das Ehegelübde und lösche deinen Namen aus. Du wirst dich sofort befreiter fühlen.*

- *Es ist wichtig, dass du dich wieder frei fühlst. Das kannst du aber nur, wenn du nicht immer wieder an den Partner denkst. Sollten trotzdem Gedanken der Wut und auch Eifersucht aufkommen, dann frage dich, auf was du eifersüchtig bist. Immerhin neigen wir alle dazu, uns in Partnerschaften einzuengen und nicht mehr das zu leben, was wir leben wollen. Fange heute wieder damit an. Die eigene Treue wird dir viel Kraft und Lebensfreude bescheren, die nur du selbst dir schenken kannst.*

- *Visualisiere dir eine erfolgreiche Partnerschaft und wenn du deine Hausaufgaben des Verstehens deiner eigenen Glaubenssätze gemacht hast, was sollte dann noch einem neuen Glück im Wege stehen?*

Du siehst selbst, was du alles tun kannst, um dich befreit wieder auf deinen eigenen Lebensweg zu konzentrieren. Mache alles das, woran du Spaß hast.

Das Zaubermittel

Hier noch ein paar Zaubermittel, die du zur Unterstützung deiner Energierituale anwenden kannst:

Der Zauberstab dient dazu, damit du ausgerichtete Energien verstärken kannst. Nimm dazu ein Stück Holz und reinige es. Verschönere deinen Stab, indem du Symbole einritzt. Bearbeite ihn energetisch und nutze ihn dann als Verlängerungsspitze deiner ausgesandten Energien. Kein anderer sollte mit deinem Stab arbeiten. Wenn du ihn nicht mehr nutzen willst, dann zerbreche ihn und schon sind alle Energien aufgelöst. Aufheben kannst du ihn dann als Erinnerung immer noch.

Der Zauberhut ist eine Art Tarnkappe, den du tragen kannst, um nicht aufzufallen. Du kannst einerseits wirklich einen realen Hut dafür verwenden oder du bildest dir einen imaginären, den du längere Zeit immer wieder behext. Dieser Hut dient dir dazu, damit du ungestört an Menschenmassen vorbeigehen kannst, ohne direkt aufzufallen. Probiere es aus, es wird dich überraschen.

Spinnen sind super Detektive, die man einsetzen kann, um andere abzuhören. Dafür muss man sich aber in der Welt dieser kleinen und doch so intelligenten Wesen auskennen. Wenn man sich mit ihnen verbunden hat, dann kann man eine Spinne im Raum anpeilen und somit genau hören und erfahren, was und worüber der andere spricht.

Doch alles in allem sind deiner Fantasien keine Grenzen gesetzt. Du kannst das wählen, was du wählen willst. Doch eins ist sicher, tue immer nur das, was du auch verkraften kannst. Und denke daran, in kosmischer Lichtenergie zu leben ist das höchste Gut des Lebens. Und deswegen setzen wir uns abschließend mit unserem Buch des Lebens auseinander, immerhin schreiben wir jeden Tag Geschichte und das sollte jedem Magier auch bewusst sein.

Das Buch des Lebens

Wir alle schreiben jeden Tag Geschichte, das heißt, alles das, was wir tun, was wir denken, wie wir uns verhalten, alles das halten wir fest, damit wir davon profitieren können. Im Klartext: Alles das, was wir tun, das schreiben wir symbolisch gesehen auf, damit auch nichts verloren geht und die wichtigsten Daten, die uns selbst betreffen, die stehen in unserem Buch des Lebens.

Ein Mensch, der sehr spirituell veranlagt ist, der kann aus dem Buch des Lebens eines anderen lesen. Doch brauchen wir nicht unbedingt einen spirituellen Lebensberater, damit wir uns erkennen können. Wir selbst brauchen nur in uns hinein zu fühlen, um zu spüren, was in uns geschrieben steht.

Doch nicht nur Talente und Fähigkeiten sind dort gespeichert, nein, auch gerade unsere Lernaufgaben, die wir uns selbst auferlegt haben, finden wir dort. Denn alles das, was wir in einem Leben „verbockt" haben, das müssen wir auch wieder geradebiegen und damit uns das gelingen kann, wird uns unser Buch des Lebens daran erinnern.

Somit setzen wir uns selbst auch Warnhinweise, die wir sehr wohl zu spüren bekommen, damit wir nicht wieder dieselben „Fehler" machen wie bisher. Wir setzen uns selbst Mechanismen, die uns immer wieder in Versuchung bringen, damit wir irgendwann in der Lage sind, auch wirklich das zu begreifen, was wir lernen wollen.

Ein Beispiel: Sollten wir uns selbst zu wenig lieben, da wir einst meinten, Liebe nur über andere empfangen zu können, dann werden wir mit dieser Vorprägung auch in diesem Leben immer wieder auf Partner treffen, die uns nicht lieben können. Und irgendwann werden wir unter unserem eigenen Leid, welches dann nicht mehr zu ignorieren ist, verstehen lernen, dass wir uns selbst lieben müssen.

Doch bis dahin werden wir wahrscheinlich aus alter Gewohnheit versuchen, unsere Bedürfnisse über andere, über Partner, zu befriedigen. Somit steht in einem solchen Fall in unserem Buch des Lebens, dass wir solange, bis wir endlich bereit sind, uns selbst zu lieben, grundsätzlich nur auf Partner treffen, die uns nicht lieben können, da auch diese Menschen sich selbst nicht lieben.

Dann zu trauern, über all den Schmerz, den wir aus der nicht erfüllten Hoffnung erneut zu spüren bekommen, ist bestimmt nur eine kleine Hilfe, um der Lernaufgabe näher zu kommen. Solange wir bei anderen versuchen sollten das zu finden, was wir uns selbst nicht geben wollen, solange suchen wir vergebens. Die einzige Möglichkeit, endlich Frieden zu finden, ist die, dass wir uns selbst das geben, was wir uns eh nur selbst geben können und das wäre in diesem Fall, die Selbstliebe.

Je länger wir jedoch mit unserer Lernaufgabe hadern, je öfter wir schon in vergangenen Situationen versucht haben, unsere Lernaufgabe zu umgehen, desto problematischer wird unser Leben sein. Du kennst das bestimmt auch: Du hast das Gefühl, alles wendet sich gegen dich, egal, was du auch machst, es funktioniert nicht. Das ist ein typisches Beispiel dafür, dass wir unser Buch des Lebens sehr stark in eine bestimmte Richtung geprägt haben. Dann steht in unserem Buch des Lebens geschrieben, dass wir dieses oder jenes nicht erreichen oder leben dürfen. Wir haben uns dann selbst verboten, diese Erfahrung zu machen. Warum?

Manchmal sind wir sauer auf uns selbst, da wir uns in einem anderen Leben nach unserer Auffassung sehr mies gegenüber uns selbst und auch anderen verhalten haben. Je weniger wir auf uns Acht gegeben und je mehr wir uns verstrickt haben, desto kritischer werden wir uns in diesem Leben gegenüberstehen. Wir werden uns selbst daran hindern, wenn nötig uns sogar bekämpfen, damit wir ja nicht wieder in Versuchung kommen, denselben Fehler aus Dummheit noch einmal zu machen.

Kennst du das? Bist du sauer auf dich selbst, da du dich nach deiner Meinung ein wenig dumm verhalten hast, was du im Grunde genommen gar nicht tun wolltest? Kannst du dir in einem solchen Fall verzeihen? Wenn nein, dann kann es sein, dass du dir über Inkarnationen hinweg einiges übelnimmst und dann wirst du dir mehr Hinkelsteine auf den Lebensweg legen als unbedingt notwendig.

Oftmals vergessen wir auch, uns das wieder zu nehmen, was wir uns einst selbst auferlegt haben, und dann geißeln wir uns wirklich mehr als unbedingt notwendig. Bitte denke dann nicht an einen „bösen Gott", der dich nicht mehr lieb hat. Nein, das, was dir passiert, das hast du dir selbst auferlegt und kein anderer. Woran du spüren kannst, ob das bei dir der Fall ist? Fühle in dich hinein, du wirst dann merken, wie schwer sich dein Leben anfühlt.

Hier ein paar Tipps, um sich das Leben zu erleichtern:

- *Stelle dir symbolisch dein Buch des Lebens vor und gib ganz viel Lichtenergie darauf. Somit nimmst du Themen, die du nicht mehr brauchst, automatisch weg.*

- *Wenn du dann weiterhin mit positiver Lichtenergie an dein Leben denkst, kannst du mit deinem Leben viel einfacher umgehen. Du bewältigst deine Aufgaben dann viel leichter, da du dich nicht mehr gegen unbewusste Lernthemen stellen musst. Du bist im kosmischen Fluss und kannst dich den Dingen des Lebens bewusst stellen.*

- *Alles das, was du sowieso lernen willst, da es in deinem Buch des Lebens geschrieben steht, kannst du dann mit Leichtigkeit ausüben.*

- *Sieh das Leben mit all seinen Facetten positiv und nutze auch gerade deine erlernten Talente und Fähigkeiten aus früheren Leben, die du heute noch gebrauchen kannst. Auch diese stehen in deinem Buch des Lebens.*

- *Wenn du Geburtstag hast, dann schließe am vorherigen Tag kurz vor zwölf das alte Jahr ab, indem du dir noch einmal das Jahr anschaust und eine Entscheidung über das zukünftige triffst. Dann kannst du in das neue mit Freuden hinein feiern. Vermeide Streit oder Kontakt mit Personen, die du nicht unbedingt gerne um dich haben willst. Es ist dein Tag, der dir dein Sonnenlicht geben sollte.*

- *Feier auch Silvester nach demselben Schema und wünsche dir etwas für das neue Jahr, was dann auch für dich in Erfüllung gehen kann.*

- *Schreibe dein Buch des Lebens so klar und deutlich, wie du es willst; du wirst sehen, die Erkenntnisse, die du findest, werden dir weiterhelfen, dein Leben in Demut vor der kosmischen Lichtenergie zu leben.*

Du siehst selbst, nur du hast die Schlüssel für dein Leben in deinen Händen, also gestalte es so, wie du es gestalten willst, es liegt alleine an dir. Und denke auch daran, dass du tagtäglich Rituale ausübst, denn alles das, was du regelmäßig machst, das sind Rituale. Doch die Kunst des Lebens und der Magie liegt rein darin, das, was du gedanklich verstärken willst, bewusst auch zu tun. Ein erfülltes Leben in voller Harmonie ist es wert, sich bewusst mit den Energiegesetzen auszukennen. Viel Erfolg.

Schlusswort

So, nun sind wir am Ende dieses Buches angelangt. Ich hoffe sehr, dass dir die Welt der Magie vertrauter geworden ist, so dass du diese zukünftig bewusst anwenden kannst.

Danke für dein Interesse und viel Erfolg in deiner eigenen Kunst der Anwendung deiner Magie, die rein dazu dienen soll, dir dein Leben zu erleichtern und zu verschönern.

Sabine Guhr-Biermann

Fesseln der Leidenschaft

Magische Trennungsrituale

Wenn uns der Liebesbann in einen Sog der Gefühle zieht und wir an nichts mehr anderes denken können, dann sind wir süchtig und der partnerschaftlichen Liebe verfallen. Um sich selbst im Sumpf der Gefühle nicht zu verlieren, sollten wir lernen, wie man mit der kraftvollen Liebesenergie sinnvoll umgehen kann.

Softcover: ISBN 978-3-934982-20-8 € 12,50 [D] | € 12,80 [A]
E-Book: ISBN 978-3-934982-83-3 € 5,99 [D] | € 5,99 [A]

Dämonen

Die Seelen(be)sorger der dunklen Seite

Die dämonische Versuchungsebene fordert uns motivierend heraus, der oftmals dunkelgefärbten Vielseitigkeit des Lebens zu begegnen, um als Sieger im eigenen Lebensland zu strahlen. Dieses Buch gibt Klarheit und hilft uns hinzuschauen, damit wir uns nicht einfangen lassen und die Farbkonstellation bewusst nutzen.

Softcover: ISBN 978-3-934982-19-2 € 12,50 [D] | € 12,80 [A]
E-Book: ISBN 978-3-934982-84-0 € 5,99 [D] | € 5,99 [A]